Michael Böhme

Ein gutgemeinter Mord

Geschichtchen

FSC
www.fsc.org

MIX

Papier aus ver-
antwortungsvollen
Quellen
Paper from
responsible sources

FSC® C105338

Herstellung und Verlag: BoD – Books on Demand, Norderstedt
ISBN 978-3-84-822760-0
Bibliografische Information der Deutschen Nationalbibliothek

Achtung!

**Schon die Lektüre eines einzigen Buches
kann schlechte Laune erheblich gefährden!**

I n h a l t

Ein gutgemeinter Mord........................ 8
Absturz...10
Abschied 23
Der Kredit 25
Märchen..32
Ups… 36
Junger Mann......................................38
Fridolin 43
Consulting...45
Liesa ist doof 50
Der neue Schüler 54
Frau Gantner 57
Patenteinreichung 66
Hölderlin 69
Muddl 72
Gleichgesonnen..................................80
Hebelwirkung.....................................85
Im Keller..87
Manöverkritik.....................................92
Der Präsident.....................................95

Der Kunstprofessor............................ 102
Die Panne.. 110
Waterloo 120
Marsmission 125
Wie die Niederfedderwarderkooger
Freiwillige Feuerwehr einmal verhinderte,
dass das auf Gut Groß-Wulffsbrockhagen
ausgebrochene Feuer auf die Stallungen
sowie auf die weiter südwestlich gele-
genen Vorrats- und Verwaltungsgebäude
übergriff..127
Danksagung 128

Ein gutgemeinter Mord

Ich wusste schon immer: Sollte es tatsächlich je einmal dazu kommen, dass ich ein Büchlein mit Geschichtchen schriebe, dass dieses dann auf jeden Fall *Ein gutgemeinter Mord* hieße und dass der erste Beitrag dieser Art dann ebenso hieße, weil sich dieses Konzept in der Literaturszene schon kurz nach Ausbruch des Bücherzeitalters erfolgreich etabliert hatte und an ihm in der Folge auch eher selten gerüttelt wurde.

Doch es sollte anders kommen.

Mir fiel sonstwas an Themen ein – links und rechts von gutgemeinten Morden – nur eben keine durchschlagend überzeugende Idee zum eigentlich mit dem erwähnten Titel anvisierten Handlungskomplex.

Nun gut, dann wird dies hier halt rein faktisch ein Vorwort, wird ja ohnehin gebraucht und wie die Sache überschrieben ist, ist letztlich irrelevant – fällt unter "dichterische Freiheit".

Und damit kein fader Nachgeschmack bleibt, liebe(r) Leser(-Innen), lassen Sie's uns vielleicht am besten so machen, dass es dann im zweiten Band ein reales Geschichtchen namens *Ein gutgemeinter Mord* geben wird.

Ist das in Ordnung für Sie?

Ja, ich finde, so machen wir's.

Wie ich den zweiten Band dann wohl nennen werde...?

Absturz

Als es diesen dumpfen Schlag im Getriebe tat und der Kampfjet unverzüglich in trudelnde Abwärtsbewegungen verfiel, war Leutnant Lurz klar, dass dieses Missgeschick nicht zu korrigieren war und er und sein Kopilot, Leutnant Scherzinger, ihren baldigst möglichen Ausstieg aus dem Fluggerät in Angriff zu nehmen hatten.

Die aktuelle Flug- bzw. Trudelhöhe lag bei etwa 6.000 Fuß, also um die 2.000 Meter; es war demnach ausreichend Zeit, die Fallschirme anzulegen und den abstürzenden Jet zu verlassen – etwa 60 Sekunden, wie eine überschlägige Berechnung ergab.

An dieser Stelle des Vorgangs trat nun eine nicht unerhebliche Komplikation ein, denn die beiden Piloten stellten fest, dass sich keine Fallschirme an Bord befanden – jedenfalls keine normalen, standardmäßig vorgesehenen Fallschirme, wie es Vorschrift war, sie bei Flügen dieser Art – und überhaupt bei Flügen aller Art – dabei zu haben.
Es gab nur einen kleinen Ersatzfallschirm, der aufgrund dieser Eigenschaft auch nur eine stark begrenzte Tragfähigkeit aufwies, also keinesfalls von zwei Nutzern gleichzeitig in Gebrauch genommen werden konnte.

Insofern lag demnach eine Gesamtlage vor, die nicht nur ein mehr als nennenswertes Konfliktpotenzial aufwies, sondern auch versprach, unweigerlich auf eine zwischenmenschliche Extremsituation hinauszulaufen, verfestigte sich doch immer mehr der Eindruck, dass höchstens einer der beiden Piloten den Vorfall würde überleben können.

Nun gab und gibt es sowohl in der bisherigen Menschheitsgeschichte als auch in der gesamten Weltliteratur sowie Bühnenkunst viele, wenn nicht gar unzählige Beispiele für Konstellationen, die auf dieser Grundstruktur fußen, doch stand und steht zumeist – insbesondere bei Opern oder auch Theaterstücken, die auf jener Thematik aufgebaut sind – genügend Zeit – meist so um zwei bis drei Stunden – zur Verfügung, um den betreffenden Konflikt aufzuarbeiten und – je nach Genre – zu lösen bzw. die beteiligten Helden daran zugrundegehen zu lassen.
Im vorliegenden Fall war dies nicht so, denn die den Protagonisten zur Verfügung stehende Zeit war stark begrenzt (siehe auch obige Ausführungen). Und nachdem auch diese letzte – wenn auch recht kurze – Überlegung in den Zeitraum nach der Problem-Erkennung gefallen war, stand die Restzeit nun nicht mehr bei 60, sondern nur noch bei 59 Sekunden, eine auf den ersten Blick unbedeutend erscheinende Differenz, aber bei näherer Überlegung doch von Gewicht, ging es doch im vorliegenden Fall – wer würde es bezweifeln – um Leben und Tod.

Geht man nun bei der Betrachtung der Ereignisse weiterhin chronologisch vor, ist festzustellen, dass der nächste Gedankenreflex ein vom Urinstinkt geprägter war, und zwar insofern, als sich der blanke Überlebenswille Bahn brach – unglücklicherweise bei beiden Piloten, was in der Folge dazu führte, dass aufgrund des darauf folgenden beiderseitigen gleichzeitigen Zugriffs auf das Lebensrettung verheißende Objekt der Begierde und der sich gegenseitig in nichts nachstehenden Armmuskulaturen eine gewisse Patt-Situation entstand, die zum einen keinen rechten Fortschritt bezüglich einer einigermaßen akzeptablen Konfliktlösung erkennen ließ und zum anderen die verbleibende Aktionszeit auf etwa 54 Sekunden verkürzte – absolut gesehen wieder eine eher unerhebliche Verminderung, unter Berücksichtigung der Relationen innerhalb des gegebenen Zeitrahmens jedoch durchaus erwähnenswert.

Die gemeinsame langjährige Ausbildung sowie die einander bemerkenswert ähnlichen Charaktere der beiden Piloten führten dann nicht nur zu einer gleichstrukturierten, sondern unglücklicherweise auch gleichzeitigen Bewertung der Situation, was sich darin zeigte, dass sowohl Leutnant Lurz als auch Leutnant Scherzinger unter recht gepresst herausgestoßenen Halbsätzen wie "Nimm du!" oder "Ich brauch' nicht!" im selben Moment den Ersatzfallschirm freigaben und versuchten, ihn dem jeweils anderen anzulegen, was erwartungsgemäß nicht nur nicht von Erfolg beschieden war, sondern tragischerweise auf einen neutralen Betrachter – so einer die Szene hätte verfolgen können – ausgesprochen komisch, ja slapstickartig gewirkt haben würde.

Unterdessen war das Zeitpolster auf 46 Sekunden geschrumpft, ein Wert, der (noch) nicht zur Verzweiflung Anlass gab, aber doch allmählich ein Einschwenken auf eine Erfolg versprechende und stringente Entscheidungslinie ratsam erscheinen ließ, was auch ein Blick auf den Monitor – so denn dafür Zeit gewesen wäre – auch optisch eindrucksvoll bestätigt hätte, denn dort waren nach bereits erfolgtem Durchstoßen der Wolkendecke dörfliche Strukturen schon gut erkennbar.
Intuitiv wurde beiden schnell Piloten klar, dass sie etwas ändern mussten, und sei es die Strategie.
Und an diesem Punkt hatte es – zumindest an diesem Punkt – mit der Gleichzeitigkeit der Aktionen ein Ende, denn die nächste Idee hatte nur Leutnant Scherzinger, dem schlagartig bewusst wurde, dass die Entscheidung, die zu treffen war, nicht von ihnen beiden, den Beteiligten, kommen durfte, sondern von einem Dritten.
Diese Forderung war – das war Leutnant Scherzinger durchaus bewusst – zunächst einmal rein abstrakter Natur, waren sie beide doch die einzigen Personen, die sich an Bord des abstürzenden Kampfjets befanden; nichtsdestoweniger beharrte eine innere Stimme aber auf der prinzipiellen Gültigkeit und auch in dieser speziellen Situation effektiven Anwendbarkeit des erwähnten Gedan-

13

kens. Von diesem Punkt bis zum Ausruf
"Münze werfen!" war es dann nur noch ein
geistiger Katzensprung.

Aber würde die nunmehr noch verbleibende
Zeit von 42 Sekunden ausreichen, um zu einem halbwegs befriedigenden Abschluss zu
gelangen?

Man würde sehen.

Die Piloten hatten nun ein weiteres Mal das
Glück einer nicht eintretenden Gleichzeitigkeit, da sie nun zwar beide fieberhaft in ihren
Taschen nach einer Münze fingerten, aber nur
Leutnant Lurz fündig wurde, bzw. so viel früher fündig wurde, dass Leutnant Scherzinger,
der ebenfalls schon eine Münze aufgespürt
hatte, aber durch das gegenüber dem Fund-
zeitpunkt seines Kameraden zeitlich doch
deutlich (etwa zwei Sekunden) nach hinten
verschobene Eintreten des Finde-Ereignisses
keine Mühe hatte, die eigene Münze umgehend zu ignorieren und den weiteren Fort-
gang der Auslosung seinem Schicksals-
genossen zu überlassen. 37 Sekunden waren
nun noch nutzbar; auf dem Monitor ließen
sich jetzt schon – so man hinsah – zwischen
leicht hügeligen Wiesen und Weiden kleinere
Flussläufe ausmachen.

"Kopf oder Zahl??" bellte Leutnant Lurz. Leutnant Scherzingers erster Reflex war, darüber
zu sinnieren, welche der beiden Möglichkeiten
für ihn die günstigere war; er gab diesen An-
satz aber ziemlich rasch wieder auf, und zwar
aus mehreren Gründen (die er gedanklich
nicht ausformulierte – dafür war nicht genügend Zeit), die ihm aber rein gefühlsmäßig
unmittelbar bewusst waren, bzw. über die

zumindest in seinem Unterbewusstein Klarheit herrschte: Zum einen war es die rein rationelle Einsicht, dass die Chancen eindeutig 50:50 standen, also keine der zur Auswahl angebotenen Möglichkeiten von der Wahrscheinlichkeit her zu bevorzugen war; der andere Grund war nicht stochastischer sondern ethischer Natur, war ihm doch in dieser für ihn ungewohnten Extremsituation nicht klar, welchen Ausgang der Geschehnisse er als Mensch im Allgemeinen und als Soldat im Besonderen – und damit als Teil einer Berufsgruppe, deren Mitglieder sich einer besonderen Verantwortung unter Hintanstellung ihrer eigenen Interessen, die sich auch und gerade auf die Erhaltung des eigenen Lebens bezogen, bewusst zu sein hatten – anzustreben hatte?

Und so – es verblieben noch 32 Sekunden – entschied Leutnant Scherzinger kurz und knapp ohne weitere Grübeleien und bellte zurück: "Zahl!". *(Anmerkung: An dieser Stelle bewahrheitet bzw. verfestigt sich eine recht bekannte Beobachtung, die in solchen und ähnlichen Situationen immer wieder gemacht werden kann: Wird eine Person auf die geschilderte Weise mit einer Aufforderung zur Auswahl aus zwei Möglichkeiten aufgefordert, entscheidet sie sich in über 70% der Fälle für die zweite. Dieses erstaunliche Phänomen stellt schon seit längerer Zeit Wissenschaftler der unterschiedlichsten Fakultäten vor höchst anspruchsvolle interpretatorische Herausforderungen. Auf die Ergebnisse bzw. Erkenntnisse der entsprechenden Untersuchungen soll an dieser Stelle nicht weiter eingegangen*

werden, um den Spannungsbogen auch wei-
terhin stabil zu halten. Ich verweise in dem
Zusammenhang nur auf das diesbezügliche
Standardwerk "Die Qual der Wahl als Zahl"
von Goliath Luckner, erschienen im Stümp-
Verlag.)

Leutnant Lurz war nun geistesgegenwärtig
genug, wegen der durch Schwer-, Flieh- und
Trudelkräfte kaum zu kontrollierenden Kör-
per- und Gegenstandsbewegungen die für die
unmittelbar bevorstehende Auslosung bereit-
gehaltene Münze nicht in die Höhe zu werfen
– die er in der unübersichtlichen und lagemä-
ßig schwer einzuschätzenden räumlich-
dynamischen Situation sowieso nicht eindeutig hätte bestimmen können – sondern er
schüttelte sie kurz aber gründlich zwischen
seinen Händen und zog dann eine seiner
Hände so weit zurück, dass er einerseits die
Münze mit der weggezogenen Hand gerade
noch auf der anderen Hand fixiert halten
konnte, und andererseits die Münze zum grö-
ßeren Teil schon für beide – ihn und Leutnant
Scherzinger – ausreichend sichtbar war, so
dass sie mit genügender Sicherheit bestimmen konnten, wer von beiden mit seiner Vorhersage ("Vorhersage" im Sinne von "Wette")
richtig lag.

Den Piloten blieben noch 27 Sekunden.

Es war ironischerweise (s. auch die Anmerkung oben) nicht die Zahl-Seite, die oben lag,
sondern die "Kopf"-Seite. *(Anmerkung: Ge-
naugenommen war die Bezeichnung "Kopf"-
Seite fehl am Platze, da auf der Seite nicht im
Entferntesten etwas Kopfartiges zu entdecken
war, sondern eine Art Bauwerk; also war es*

eigentlich die "Bild"-Seite. *Da aber die Wort-kombination "Kopf oder Zahl" sich im Laufe der Zeit fest ins allgemeine Alltagsbewusstsein eingegraben hat, wird sie auch im vorliegenden Zusammenhang verwendet.)*

"Kopf!", stellte Leutnant Lurz erregt aber korrekt fest, "das hatte ich gesagt!", griff beherzt nach dem Ersatzfallschirm, hielt jedoch umgehend in der Bewegung inne: "Was heißt das denn jetzt??" schrie er mit leicht verzweifelt eingefärbter Stimme, "Dass ich den Schirm nehmen kann oder dass ich verloren habe???" Es blieben 23 Sekunden.

Auch zu diesem Zeitpunkt der Ereignisfolge war beiden Piloten eindeutig klar, dass sie sich wiederum in einer Lage befanden, die nicht in der gebotenen Kürze geklärt werden konnte. Auch hier musste quergedacht und nach einem anderen Lösungsansatz gefahndet werden, um den gordischen Knoten zu lösen bzw. zu zerschlagen.

"Stein, Schere, Papier!" brüllte Leutnant Scherzinger. "Der erste Punkt zählt!" ergänzte Leutnant Lurz und beide waren gleichermaßen froh und stolz, in so kurzer Zeit gemeinsam einen praktikablen Ausweg gefunden zu haben, was ihnen umgehend zu einem nicht zu unterschätzenden Energieschub verhalf und sie hoffen ließ, die Angelegenheit doch noch zu einem erfolgreichen Ende bringen zu können. Beide hoben umgehend die rechte Faust, "Dsching, dschang, dschung!" der eine rufend, "Dschang, dsching, dschung!" der andere. Hierzu zwei Anmerkungen *(Hinweis: Sollten dem geneigten Leser die Spielregeln des Auslosungs-Klassikers "Stein, Schere, Papier"*

bekannt sein, bitte ich, aus Gründen der Zeit-
ersparnis mit dem Lesen bei Pkt. 2 fortzufah-
ren, da unter Pkt. 1 diese Regeln kurz erklärt
werden, um den nicht-kundigen Lesern bei
der weiteren Lektüre ein umfassendes Ver-
ständnis garantieren zu können.)

Nun zu den zwei Anmerkungen:

1. Spielziel von "Stein, Schere, Papier" ist es, eine Situation zu schaffen, in der die zwei Spieler mit je einer Hand ein – in Grenzen – frei wählbares Symbol formen und die beiden geformten Symbole dann derart miteinander verglichen werden, dass festgestellt werden kann, wer von ihnen das "stärkere" Symbol geformt hat. Um das Spiel zu vereinfachen, wurde die Anzahl der möglichen Symbole auf drei begrenzt, und zwar handelt es sich um – wie der Name des Spiels schon andeutet – um einen Stein, eine Schere und um (ein Blatt) Papier. Hierbei wurde definiert, dass der Stein die Schere "schlägt" (er kann sie stumpf machen), die Schere das Papier schlägt (sie kann es zerschneiden) und das Papier den Stein schlägt (es kann jenen einwickeln); der geneigte Leser wird bemerken, dass es sich hierbei um eine sehr harmonische zyklische Chancenverteilung handelt. Um nun zu gewährleisten, dass keiner der beiden Spieler die Entscheidung des Gegenspielers bezüglich der Symbolwahl abwarten kann, um dann in Ruhe zu entscheiden, welches Symbol er selbst denn formen müsse,

um den Sieg davontragen zu können, sorgt ein verbaler Mechanismus für eine entsprechende Synchronisation; dieser besteht darin, dass beide Spieler, die zur Symbolformung vorgesehenen Hände schwingend, im Gleichtakt "Dsching, dschang, dschung!" ausrufen und zeitgleich mit dem "dschung!" das zuvor überlegte Symbol formen. Anschließend erfolgt der Abgleich sowie die Feststellung des Siegers. Sollten beide Spieler dasselbe Symbol gewählt haben, wird das Spiel als "unentschieden" gewertet und wiederholt.

2. Der aufmerksame Leser wird bemerkt haben, dass der eine der beiden Piloten nicht, wie vorgeschrieben, "Dsching, dschang, dschung!", sondern "Dschang, dsching, dschung!" gerufen hatte. Es ist in Spielerkreisen umstritten, ob diese Abweichung zulässig ist und – wenn nicht – wie der betreffende Spieler anschließend zu bestrafen ist, was gemeinhin langwierige Diskussionen auslöst. Im vorliegenden Fall waren die Spieler jedoch geistesgegenwärtig genug, um wegen dieses im Prinzip unerheblichen Details nicht noch mehr Zeit zu verlieren als es ohnehin schon geschehen war. Auch auf diese kurzfristig gefällte gemeinsam getroffene Entscheidung waren sie beide sehr stolz und voller Hoffnung auf ein versöhnliches Ende.

Mit dem letzten "Dschung!" schwangen beide Fäuste in die Endstellung, gleichzeitig je eines der erwähnten Symbole formend.
Beide Piloten hatten sich für "Stein" entschieden.

Es blieben noch 18 Sekunden.

Von diesen verstrichen im Anschluss aufgrund einer beiderseitigen – im Sinne der Piloten hoffentlich nur kurzzeitigen – Denklähmung gleich noch einmal drei Sekunden. Nun war man nur noch bei deren 15.

Nachdem das erste Entsetzen seitens der beiden Kontrahenten halbwegs verflogen war, galt es, effizient weiterzuverfahren. Normalerweise beginnt bei diesem Spiel nun die eigentlich interessante Phase, ist es doch üblich, die Partie nicht auf nur einen einzigen zu ergatternden Punkt auszurichten, sondern auf mehrere – etwa nach Art der "Best of five" bei den Grand Slam Tennisturnieren, d.h. welcher der Spieler als erster drei Punkte gemacht hat, ist der Sieger, da der Gegner dann mit höchstens zwei gewonnenen Punkten jenen – rein rechnerisch – nicht mehr einzuholen in der Lage ist. Und ab dem zweiten Spiel der Partie gilt es vornehmlich, die Gedankengänge des Gegners so weit zu antizipieren, dass man selbst letztlich noch in der Lage ist, auf den vermutet letzten Gedanken der gegnerischen Gedankenkette zu reagieren und sich für das entsprechend stärkere Symbol zu entscheiden. Hierfür ist es von nicht zu unterschätzendem Vorteil, den Kontrahenten und seine Art zu denken gut zu kennen. Dies galt für die beiden Piloten in erhöhtem Maße, waren sie doch durch die langen Jahre ihrer Ausbildung und die anschließenden gemeinsamen Flugstunden so sehr aneinander gewöhnt, dass sie quasi auf ein und dieselbe Art und Weise dachten und planten.

Und nun waren sie in einer Situation, in der für solcherlei Überlegungen nicht allzuviel Zeit blieb; insofern reichte es nur für die Entwicklung der folgenden Strategie: "Der andere geht höchstwahrscheinlich davon aus, dass ich nicht wieder "Stein" nehme, sondern "Schere" oder "Papier". In diesem Fall würde er sich für "Schere" entscheiden, da diese dann "Papier" schlagen würde und bei "Schere" zumindest noch ein Unentschieden sichern könnte. Also nehme ich doch wieder "Stein". So dachte der eine, so dachte auch der andere.

Das Ergebnis des zweiten Durchgangs war somit klar.

Noch 7 Sekunden.

Das war der Moment, in welchem Leutnant Scherzinger die Kontrolle über sich verlor: "Scheiße, her mit dem Schirm!!!", schrie er, sich gleichzeitig auf diesen stürzend.
"He, warum das denn??" schrie Leutnant Lurz zurück, dann ertönte ein gewaltiges Krachen, ein gleißender Blitz erhellte die Szenerie und der Monitor wurde schwarz.

Wir kommen nun im Rahmen unserer Reihe "Der Leser schreibt mit" zum interaktiven Teil des Buches.

Bitte wählen Sie, geneigter Leser, nun denjenigen Schluss der Geschichte aus, der Ihnen am meisten zusagt. Die folgenden beiden Möglichkeiten stehen zur Auswahl:

Version 1
Zutiefst frustriert schaltete Major Schultze den Simulator ab und öffnete die Luke. "Raus!!!"

Version 2
Als die ersten Hilfskräfte am Absturzort eintrafen, bot sich Ihnen ein grauenvolles Bild. Einer der Sanitäter fasste sich als Erster: "Oh mein Gott, hier ist ja alles kaputt!", worauf sein Kollege aufgeregt ausrief: "Nein, schau mal hier, der Reservefallschirm da ist noch voll in Ordnung!"

Abschied

Luigi hatte schon lange geahnt, dass dieser Moment einmal kommen würde, und nun war er gekommen, zweifellos – und unabwendbar, was unweigerlich folgen würde... Eine Ära neigte sich nun also ihrem jähen Ende zu. Luigi saß nur noch starr da und ließ einen melancholischen Blick über das abgelegene Hafenbecken gleiten; viele Erinnerungen der letzten Jahre glitten an seinem geistigen Auge vorüber. Vorbei, vorbei...

Luigi machte sich nichts vor – das war es dann also gewesen. Während Giovanni seine Füße in einen Bottich drückte, rührte Alfredo den Zement an. Die Endgültigkeit der Szenerie wirkte betäubend auf Luigi. Er leistete keinen Widerstand mehr und ergab sich in sein Schicksal.

Doch nein – Luigi hatte noch nie aufgegeben; dafür war er nicht der Typ! Und auch jetzt wollte er nicht einfach so resignieren. Er musste alles versuchen, um den Lauf der Dinge aufzuhalten.
"Alfredo, Giovanni, alte Freunde! Was soll denn das? Lass uns doch gemeinsam versuchen, eine Lösung zu finden, wir drei. Wir haben doch schon ganz andere Sachen geschafft. Was kann ich tun? Sagt es mir; ich tue alles, was in meiner Macht steht!"

"Es hat keinen Zweck, Luigi." Alfredos Stimme klang so gnadenlos hart, kalt, kalt wie die sizilianische Nacht. "Es ist bedauerlich, mein Freund, aber es ist vorbei - ein für allemal; der letzte Vorhang ist gefallen."
"Bei Geld hört die Freundschaft auf, mein Freund", schaltete sich jetzt Giovanni ein. "Es ist, wie's ist. Finde dich ab, mein Freund, finde dich ab."

Nun begriff Luigi, dass hier wirklich nichts mehr zu machen war. Unendlich schmerzlich war diese Erkenntnis. Und er sah ein, dass es zu Ende war. Schluss, aus.
"Was musstet ihr dieses Scheißding auch hier am Arsch der Welt eröffnen?? Kommt doch kein Schwein her in diese gottverlassene Hafengegend!", jammerte er, "das muss man sich mal vorstellen – ein Rundum-Wellness-und-mehr-Zentrum am hintersten Kai eines stillgelegten Hafens! Ist doch klar, dass ihr da pleite geht. Ach Freunde, ich bin sooo traurig!"

Genervt fuhr Giovanni, der Fußpfleger, Luigi an: "Jetzt hör auf zu heulen, und nimm deine Füße raus, ich bin fertig."
Und Alfredo, der Zahnarzt, ergänzte: "Und deine Füllung ist auch paletti, bitte ausspülen. Hier, eine Flasche Chianti für dich; du warst unser letzter Kunde. Und nun Licht aus und alle raus hier!"

Der Kredit

Guten Tag, Herr äh…

Lohmann. Heinz Lohmann

Herr Lohmann, ja, dann nehmen Sie doch gern Platz. Nein, vielleicht besser dort.

Oh ja, klar, danke.

Hier schon mal mein Kärtchen… Jens Böblinger, ich leite hier im Hause die Kreditabteilung.

Dankeschön. Da kann ich mich leider nicht revanchieren.

Das macht doch gar nichts. Herr Lohmann, was kann ich denn für Sie tun?

Ja, also es geht um einen Kredit.

Aha. An welchen Betrag hatten Sie denn da gedacht?

Ja, wieviel haben Sie denn da?

Bitte?

Ja, Bargeld, meine ich; ich brauche es sehr dringend – genau genommen sofort.

*Oh, interessant – so eilig? Also so um die
zwei Milliönchen hätten wir schon da, haha!*

Haha.

*Und welche Konditionen sollen es sein? Haben
Sie sich da in der Richtung schon mal Gedanken…?*

Ja, habe ich alles genau geplant. Also Zinsen
sollen es 0 Prozent sein.

0 Prozent?? Sehr gut, haha!

Haha.

*Da müssen Sie ja sehr schnell tilgen dann,
haha!*

Ja, also was die Tilgung angeht, hatte ich
auch an 0 Prozent gedacht.

…

Ist das ein Problem?

*Also lustig ist das jetzt nicht mehr – nu mal
Butter bei die Fische, wie wir Norddeutsche
sagen. Was ist denn bitte jetzt mal ganz genau Ihr Anliegen?*

Missverstehen Sie mich nicht, Herr… Herr…

Böblinger

...Herr Böblinger, mir ist es sehr ernst, was wir bis jetzt besprochen haben. Wenn Sie das dann bitte veranlassen würden.

Herr... äh

Lohmann

Richtig. Herr Lohmann, ich weiß nicht, was Sie mit diesem Besuch bezwecken, aber ich denke, wir sollten ihn jetzt beenden.

Nein, nein – ich habe für mein Anliegen ja ein gutes Argument!

Ach ja? Und das wäre?

Hier... eine 9mm *Heckler & Koch* P2000.

Ach so, warum haben Sie das nicht gleich gesagt? Boah – cool, zeigen Sie mal; ist das schon das Modell mit der vorgespannten Entspannklinke?

Klar doch, sonst geht das ja alles viel zu langsam. Hier, die liegt auch ganz anders in der Hand als das alte Modell.

Oh ja, wunderbar. Wir haben im Schützenverein noch das alte Ding, wo man erst immer so rüberfassen muss.

Hören Sie bloß auf, die kenn' ich auch noch, das... Vorsicht mit dem Abzug, die ist gespannt!!

Ups, sorry, hier, nehmen Sie mal am besten schnell wieder die Kanone - nicht, dass noch was passiert.

Danke. Ja, so, was is' nun? Nägel mit Köppen jetzt!

Alles klar, lassen Sie mich überlegen. Also, was ich jetzt schon so spontan sagen kann, ist, dass das Problem wahrscheinlich unsere Software ist.

Was heißt das denn?

Ja, ich muss das Ganze ja schon verwaltungstechnisch hier im System abwickeln – da hilft alles nix. Und Fakt ist, dass ich in dem Kreditprogramm hier für Zinsen und Laufzeit keine Nullen eintragen kann; das nimmt er nicht.

Wie "nimmt er nicht"?

Ja, das piept dann und er sagt "Null nicht erlaubt, tragen Sie bitte eine höhere Zahl ein."

Das ist ja wieder mal typisch Windows! Haben die Programmierer denn alle einen an der Waffel??

Nee, das ist schon… das kann schon… Sie müssen das so sehen: …

Und wie kommen wir jetzt raus aus der Nummer?

Klitzekleinen Moment noch, ich habe da, glaube ich, eine Idee... Ja, ich hab's; kommen Sie mal rum! 0,1 nimmt er, sehen Sie? Bei Zinssatz und bei Tilgung... So, jetzt müssen wir noch die Laufzeit, warten Sie... da kann man sogar 0,000001 Jahre eingeben – na, da haben die sich wohl vertan, haha – das sind etwa fünf Minuten; länger werden wir ja wohl nicht mehr brauchen.

Wenn Sie meinen...

Jou, dann schau'n wir mal, Knöpfchen drük-ken und zack! Da! ... Was will er jetzt? Ach so, wollen wir mit Disagio machen? Ist, glaube ich, nicht nötig oder?

Nö, wegen mir nicht.

Ok, dann sind das... so, jetzt geht's... ja, dann sind das einschließlich Bearbeitungsgebühr und allem Drum und Dran für die fünf Minu-ten Laufzeit bei den vereinbarten Konditionen jetzt noch 22 Cent, die Sie trotz allem erstmal zahlen müssen.

Eigentlich wollte ich ohne irgendwelche Ko-sten auskommen. Aber bitte, hier haben Sie.

Dan-ke! So, wie machen wir das jetzt noch mit den 0% Tilgung? Das Programm hat lei-der noch keine Schuldenschnittfunktion. ... Wissen Sie was, das trage ich hier einfach unter "Bemerkungen" ein, dann läuft das schon – prüft sowieso kein Schwein hier.

Super, dann haben wir's ja, glaube ich. Warten Sie, mein Handy klingelt. ... Was ist denn? Ich hab' noch zu tun ... Ja, es läuft gut ... Wie "es läuft bei _mir_"? ... Was?? Wieso jetzt schon??? ... Ja gut, warte, bin gleich da.

Probleme?

Ja, das war meine Verlobte, die sitzt draußen im Fluchtauto. Ihre Fruchtblase ist geplatzt; ich muss sofort mit ihr in die Klinik.

Ach du meine Güte, ausgerechnet jetzt...

Mit Frauen hat man nur Ärger. Sagen Sie, können Sie mir einen großen Gefallen tun, Herr... äh...

Böblinger, Jens Böblinger. Aber gern, der Kunde ist König – soll ich mitkommen?

Nein-nein, aber wenn Sie freundlicherweise mein Geld solange in ein Schließfach tun würden; ich käme dann später nochmal vorbei.

Aber gern, kein Problem, fahren Sie nur, ich kümmere mich hier um alles.

Sehr lieb, danke, ich hau' dann ab – bis später!

Moment - hier, Ihre Pistole!

Keine Zeit, tun Sie sie bitte mit ins Schließfach.

Geht klar! Alles Gute für die Mutter und das Baby!

Es werden Zwillinge! Bis bald!

Ach wie süß! Bis ba-hald!!

Märchen

Es war einmal ein kleiner Junge, der hieß
Roderich. Roderich hatte seine Großeltern
sehr lieb und er besuchte sie oft. Umso trauriger war er, dass er noch nichts für sie zu
Weihnachten hatte, und es war doch schon
ein Tag davor; ihm fiel und fiel nichts ein, was
er ihnen schenken könne, denn Oma und Opa
hatten doch schon alles.
Da hatte der gute Roderich plötzlich eine fa-
belhafte Idee: In der Nachbarschaft war doch
heute Flohmarkt, dort würde er bestimmt was
Schönes für die beiden finden! Flugs machte
er sich auf den Weg und war gleich wieder ein
bisschen fröhlicher – ja, das mit dem Flohmarkt war bestimmt ein guter Einfall von ihm.

Auf dem Marktplatz angekommen, schaute er
gleich nach schönen Dingen, die Oma und
Opa gefallen könnten; aber ach – wohin er
auch blickte, es gab nichts, was ihm für seine
lieben Großeltern passend erschien: Kinder,
die altes Spielzeug anboten, Verkaufsstände
mit Schuhwerk und merkwürdigen Hüten,
fliegende Händler mit Kesselzeug und ande-
rem Küchengerät – oh je, wie sollte er da
wohl etwas Schönes für Oma und Opa finden?

Da plötzlich sah Roderich ein buntes, mit
fremdländisch bemalten Ornamenten ver-
ziertes und sehr geheimnisvoll anmutendes
Zelt, das er hier auf früheren Flohmärkten
noch nie erblickt hatte. Das Zelt war nach

vorn hin offen und man konnte beim Hinein-
sehen nur ahnen, was wohl darin sein konnte.
Vor dem Zelt aber saß auf einem großen bun-
ten Kissen ein in weite farbige Tücher gehüll-
ter Mann, der eine lange Pfeife rauchte und
ihn, Roderich, aus dunklen, unergründlichen
Augen ruhig ansah. Gebannt blieb Roderichs
Blick an dieser seltsamen Szene hängen.

Schließlich fasste er sich ein Herz und sprach
den Fremden also an: "Erlaubt, guter Herr,
eine Frage: Bietet Ihr auch etwas feil?"
"Gewiss, mein Freund, gewiss", entgegnete
da der Fremde und wies mit der Pfeife in das
Innere des Zeltes.
Da nahm Roderich all seinen Mut zusammen
und näherte sich dem Eingang des Zeltes,
und je näher er kam, desto besser konnte er
erkennen, was dort alles für außergewöhnli-
che Dinge angehäuft waren; er konnte sich
gar nicht satt sehen. Hier würde er ganz sicher mit seiner Suche Erfolg haben!
Und schon bald hatte er mit Bestimmtheit
zwei schöne Stücke ausgewählt: Einen wun-
derbaren alten, aber sauberen und gepflegten
Teppich für Oma, die sich schon lange so etwas für die Diele gewünscht hatte und eine
glänzende, fein gearbeitete Lampe, die Opa
bestimmt gut für seinen Lesetisch gebrauchen
konnte.

Glücklich trug Roderich den Teppich und die
Lampe aus dem Zelt heraus – aber o weh,
würde denn wohl sein karges Taschengeld für
diesen Kauf ausreichen?

"Sei ohne Sorge, mein Freund", sagte da der geheimnisvolle Fremde, "Diese beiden Dinge sind für dich bestimmt und haben auf dich gewartet. Nimm sie und gehe deiner Wege!"

Roderich wusste nicht, wie ihm geschah; sein Herz jubelte und drohte vor Freude zu zerspringen. Er stammelte einen Dank, küsste dem Fremden die Hände, nahm die beiden Stücke und ging verwirrt, aber unendlich erleichtert heim.

Am folgenden Tag war Weihnacht. Roderich konnte es kaum erwarten, zu Oma und Opa zu gelangen. Endlich war es soweit! Er machte sich mit Teppich und Lampe auf den Weg und kam auch schon bald beim Häuschen seiner Großeltern an.

Hei, war das eine Freude! Oma rollte den Teppich auseinander und tat einen Freudensprung. Genau so einen hatte sie sich immer gewünscht! Begeistert setzte sie sich darauf und strich über die prächtige, kunstvoll gestaltete Webarbeit.
"Du, Heinrich", sagte sie da plötzlich zu Opa und zwinkerte Roderich schelmisch zu, "so geheimnisvoll, wie der aussieht, ist das doch bestimmt ein fliegender Teppich. Befiehl ihm doch einmal, dass er mich irgendwo hinfliegen soll!" Oma barst förmlich vor Lachen, als sie dies gesagt hatte.
"Gern", brummte Opa, an den Teppich gewandt, "Dann flieg' die Oma am besten dorthin, wo der Pfeffer wächst!"

"Heinrich!" konnte Oma gerade noch rufen,
da erhob sich schon der Teppich mit ihr,
brach schnurstracks durchs Stubenfenster
und entschwand leise rauschend in östlicher
Richtung.

Roderich und Opa saßen wie vom Donner gerührt! Als Erster fasste sich Opa. Aufgeregt
rief er: "Verdammich nochmal, wenn das ein
fliegender Teppich war, ist das andere Ding
hier eine Wunschlampe. Schnell her damit –
bloß nicht lang' gefackelt!"
Und Opa nahm die Lampe und rieb sie heftig
an seiner Weste. Und kaum hatte er damit
begonnen, tat es einen Knall und in eine dich-
te Rauchwolke gehüllt schlüpfte tatsächlich
ein Geist aus der Lampe!
"Was wünschest du, oh mein Gebieter?",
fragte der Geist da mit mächtiger Stimme und
aus Opa fuhr es ohne Zögern heraus: "Dass
Oma für immer da bleibt, wo der Teppich sie
hinbringt!!"
"Es sei, wie du wünschst", entgegnete der
Geist untertänig und entschwand wieder
zurück in seine Lampe.

Opa aber lebte bis an sein Lebensende
herrlich und in Freuden.

Ups...

Herr Federer *(Holt sein Handy hervor, tippt eine Nummer ein und denkt: Diese Handys sind sehr praktisch. ... bin gespannt, ob ich meinen neuen Geschäftspartner finde; hier auf diesem Platz haben wir uns ja verabredet.)* Hallo, Herr Mettner, Federer hier; sind Sie schon auf dem Platz?

Herr Mettner Ja, Herr Federer, bin ich. Jetzt müssen wir uns nur noch treffen; wo sind Sie denn genau?

Herr Federer Ziemlich links am Rand – vom Rathaus aus gesehen. Warten Sie - dahinten steht so ein kleiner Fettsack an einer Laterne, der sich den Kopf hält. Bei dem können wir uns treffen.

Herr Mettner Komisch, ich stehe auch gerade an einer Laterne. Und ich sehe auch einen Typ, der sich den Kopf hält; aber der ist dünn und sieht aus wie ein verbogener Storch.

Herr Federer Naja - ich gehe jetzt jedenfalls erstmal zu dem Fettsack.

Herr Mettner Jetzt kommt er auf mich zu; ich glaube, der verbogene Storch will was von mir. Oh, der hält sich ja gar nicht den Kopf - der telefoniert.

Herr Federer Das ist ja witzig - der Fettsack auch! ... Ups...

Herr Mettner Herr Federer?

Herr Federer Herr Mettner?

Herr Mettner Also, das ist ja wohl das Letzte! Wie kommen Sie dazu, mich als kleinen Fettsack zu bezeichen??

Herr Federer Und was war das mit dem verbogenen Storch???

Herr Mettner Unglaublich! Das muß ich mir nicht bieten lassen!! Unser Geschäft können Sie sich aus dem Kopf schlagen!!!

Herr Federer Ich werde Ihnen gleich was ganz anderes auf den Kopf schlagen!

(beide ab)

Junger Mann

Wieder einmal "war Dom in Hamburg". Und wie sich aus dieser Formulierung schon schließen lässt, ist mit "Dom" keinesfalls der Mariendom – seines Zeichens Sitz des Hamburger Erzbischofs – gemeint (trotz der Tatsache, dass er wie immer auf dem Heiligengeistfeld angesiedelt war...), sondern der "Hamburger Dom", eines der größten Volksfeste in Europa. Und das gibt es in Hamburg dreimal im Jahr: Es nennt sich je nach Jahreszeit Frühlingsdom, Sommerdom oder Winterdom – warum es keinen Herbstdom gibt, weiß man in Hamburg nicht so genau, wahrscheinlich wegen der abweichenden Silbenmelodie.

Der Hamburger Dom, seit Jahrzehnten eine der Hauptattraktionen der Freien und Hansestadt, bietet auf sehr großer Fläche alles, was Nerven und Gaumen zu kitzeln in der Lage ist: Eine reichhaltige Auswahl an mehr oder weniger adrenalinproduzierenden Fahrgeschäften – darunter stets eines der weltweit zweithöchsten Riesenräder – sowie "Fressbuden" mit allem, was des Dombesuchers kulinarischen Bedürfnissen entgegenkommt: Mannigfaltiges Gegrilltes, gebrannte Mandeln, Schmalzgebäck, gebrannte Mandeln, Zuckerwatte, gebrannte Mandeln, Liebesäpfel und natürlich gebrannte Mandeln.

Ergänzt wird das Ganze durch diverse weitere traditionelle Einrichtungen wie Schießbuden (mit entsprechenden Figuren), Hau-den-Lukassen, Glas-Irrgärten (aus denen man erst herausfindet, wenn es dem Betreiber passt) und natürlich ungezählte Losbuden, bei denen man mit kleinen teuren Losen große billige Plüschteddies gewinnen kann und dann nicht weiß wohin damit.

Auch dieses Mal war Melchior Rybnik wieder dabei. Er war Schausteller und hatte sich schon vor langer Zeit seinen festen Platz an derjenigen Längsseite des rechteckigen Domgeländes gesichert, die genau zwischen zwei U-Bahn-Stationen liegt; so war die Wahrscheinlichkeit recht groß, dass bei ihm hauptsächlich solche Besucher vorbeikamen, die noch einigermaßen Geld in der Tasche hatten.

Heute lief das Geschäft besonders gut, denn es war Familientag; das bedeutete, dass die Preise niedriger waren als sonst und somit viele Kinder gekommen waren, und Kinder liebten es, sein Zelt zu besuchen.

Melchior Rybnik war ein Mensch, den man früher als gescheiterte Existenz bezeichnet hätte; heutzutage sagte man Lebenskünstler. Er kam aus gutem Hause, hatte sein Abitur mit Mühe geschafft und dann Medizin studiert. Zu einem Abschluss hatte es aber dann nicht gereicht, weil schon das Physikum, die Zwischenprüfung, eine zu hohe Hürde für ihn dargestellt hatte.

Er war dann in ein osteuropäisches Land ausgewandert, wo er eine leidlich gut bezahlte Stellung als Aushilfspathologe gefunden hatte; an ein gut gefälschtes Examenszeugnis zu kommen, war dabei kein Problem gewesen.

Melchior Rybnik hatte dort dann längere Zeit gute Arbeit geleistet, war anerkannt gewesen, hatte sich jedoch recht unbeliebt gemacht, weil sich bei wechselnden Gelegenheiten immer wieder seine latent schon immer vorhandene kriminelle Energie unbeirrt ihren Weg in sein soziales Umfeld gebahnt hatte.

Als er diese Neigung eines Tages ein wenig zu stark ausgelebt hatte und Verhaftung hatte fürchten müssen, war er kurzentschlossen aufgebrochen, um sein Glück anderswie und vor allem anderswo zu versuchen.

Melchior Rybniks Überlegungen, wie er sein Brot verdienen sollte, hatten sofort in eine eindeutige Richtung geführt, denn was hätte näher gelegen, als seine zweifelsfrei vorhandenen und jahrelang erprobten Fertigkeiten zu nutzen? So war er dann zu einem fahrenden Tierpräparator geworden, war über Land gezogen und hatte sich angeboten, verstorbene Haustiere oder auch stolze Jagdtrophäen fachmännisch soweit herzurichten, dass sie dann lebensecht das traute Heim der jeweiligen Auftraggeber zieren konnten.

Aber diese Lebensweise hatte nicht lange angehalten; eine dünne Auftragslage sowie nicht

wenige Kunden, die sich unter Anführung fa-
denscheinigster Argumente geweigert hatten,
den vollen Preis zu entrichten – oder sogar
auch die Entlohnung komplett verweigert hatten – hatten Melchior Rybnik schließlich ge-
zwungen, wiederum das Konzept zu wechseln
und da war ihm dann die Idee mit der Schau-
stellerei gekommen.
Er hatte dann alles, was er für seine neue
Existenz benötigte, in Eigenarbeit hergestellt.
Es war mühsam gewesen, aber es hatte sich
gelohnt; und nun war er schon seit nahezu
sieben Jahren auf den großen Volksfesten des
Kontinents unterwegs.

Melchior Rybnik verdiente keine großen
Reichtümer; es reichte gerade so zu einem
zwar einfachen, aber nicht unkomfortablen
Leben. Allerdings konnte er sich keine Ange-
stellten leisten; dazu waren die Einnahmen zu
gering. Alle Arbeiten musste er selbst erledi-
gen: Auf- und Abbau, kassieren, die Vorstel-
lung durchführen; jede Hilfskraft hätte den
spärlichen Gewinn wieder aufgezehrt. Aber im
Grunde störte Melchior Rybnik dieser Umstand nicht; er war ein großer, stattlicher und
kräftiger Mann und mit der vielfältigen Arbeit
nicht überfordert.

Versonnen betrachtete er sein schwarzes,
ausgesprochen unheimlich anmutendes Zelt
mit der großen und weithin gelb blinkenden
Tafel "Melchiors Gruselkabinett".
Man konnte eigentlich sagen, dass er seine
Tätigkeit liebte; mit wieviel Sorgfalt und
Enthusiasmus hatte er seine Figuren gebaut:

Den einbeinigen Piratenkapitän, den zotteli-
gen Riesen, den hochgewachsenen Farbigen
mit dem handtellergroßen Loch im Brustkorb…
Melchior Rybnik durchfuhr ein wohliger
Schauer. Er verspürte plötzlich einen starken
Drang, seinen Fundus zu erweitern und eine
neue Figur zu bauen. Ja, das würde er machen!
Freudig erregt hängte er mal wieder sein gutes altes Schildchen auf: "Junger Mann zum
Mitreisen gesucht".

Fridolin

Dass Fridolin sich recht einseitig ernährte, störte ihn nicht sonderlich; morgens trockenes Müsli, über den Tag verteilt ein wenig Obst – was brauchte er mehr? Ihm ging es gut, er war gesund und litt keine Not. Fridolin war schlichten Gemüts, und auch das beunruhigte ihn keineswegs, wohl, weil es ihm nicht im Mindesten bewusst war und das ist gemeinhin ja auch nicht von Nachteil.

Timmy, Fridolins Mitbewohner, war ähnlich gelagert, was Ernährung und Gemüt betraf. Auch glichen sich die zwei äußerlich dermaßen verblüffend, dass sie nicht selten auf das Heftigste miteinander verwechselt wurden.

Bei soviel Ähnlichkeit wundert es dann nicht, dass die beiden Gesellen auch derselben Freizeitbeschäftigung frönten, nämlich dem Radfahren.
Aber so ähnlich sie sich auch waren, nie waren Fridolin und Timmy gemeinsam unterwegs.
Nicht, dass sie nicht gut miteinander auskamen, nein, eine gemeinsame Tour ergab sich bloß irgendwie nie so richtig – war aber auch nicht schlimm, da beide allgemein nicht als redselig galten und sehr gut alleine unterwegs sein konnten.

Ja, Radfahren! Fridolin liebte es leiden-
schaftlich und es wurde ihm auch nie zuviel.
Fahren, fahren, fahren – ohne Rast und Ruh';
es war wohl der unstillbare Drang, herum-
zukommen, andere Orte zu sehen, Fernweh…

In der Zielsetzung ähnlich dem Radfahren ist
das schöne Hobby Klettern, das ja ebenfalls
eine sportliche Möglichkeit darstellt, bekannte
Gefilde zu verlassen und beherzt in andere
Räume vorzustoßen. Fridolin liebte auch dies
sehr, kam aber leider nur selten dazu, es aus-
zuüben; ergab sich aber doch einmal eine
Gelegenheit zum Klettern, war er durch nichts
zu bremsen und scheute dabei weder Höhe
noch Mühe.

Nun sind das Radfahren und das Klettern ja
nicht ganz ungefährliche Tätigkeiten, wie man
mit Fug und Recht behaupten darf; desto er-
staunlicher – und natürlich trauriger – ist die
Tatsache, dass Fridolin letztendlich nicht
durch Ausübung einer dieser beiden Betäti-
gungen ums Leben kam, sondern schlicht und
einfach eines schönen Tages totgetreten wurde.

Und kaum war er im Vorgarten neben einer
gewissen Lora begraben worden, drang ein
markerschütternder Schrei durch die Luft:
"Mama, Pia will neuen Goldhamster!!!"

Consulting

"So, meine Herren, halten wir unser Meeting auf Vorschlag von Kollege Lieberknecht wegen des schönen Wetters also mal hier draußen auf der Kantinenterrasse ab; ist zwar direkt neben dem Parkplatz, aber so haben wir den Grund für unser Treffen wenigstens schön dicht vor Augen."

Dr. Fleischhauer nahm Platz und auch die Herren Lieberknecht, Groth und Salzmann suchten sich einen Stuhl und sortierten beflissen ihre Unterlagen vor sich auf dem Tisch.

"Tja, da haben wir nun überraschenderweise von der Zentrale diese schönen Firmenwagen dort bekommen", fuhr Dr. Fleischhauer fort und wies auf eine große separate Parkbucht, die sich ziemlich direkt vor ihnen befand; etliche nagelneue PKWs der gehobenen Klasse standen dort aufgereiht und glänzten in der Sommersonne.

"Die haben wir einfach so bekommen?" fragte Herr Groth erstaunt.

"Ja, die haben die da wohl über", entgegnete Dr. Fleischhauer, "so, und jetzt kommt's: Herr Direktor Besenbinder hat mir auch gleich einen Verteilerschlüssel mitgegeben, nach dem wir die Wagen auf drei unserer Abteilungen aufteilen sollen. Ich lese mal vor: Marketing bekommt die Hälfte, die Immobilien-Heinis ein Drittel und die Buchhaltung soll ein Neuntel bekommen."

"Oha", warf Herr Salzmann ein, "das ist ja mit Rechnen."

"Genau, Kollege Salzmann", fuhr Dr. Fleischhauer fort, "da holen Sie mal gleich Ihren Taschen-Computer raus."

"Ok, kann losgehen. Wieviele Wagen sind es denn?" Dr. Fleischhauer kramte ein Zettelchen aus seinem Jackett: "Das habe ich unseren Azubi mal zählen lassen; er kommt auf 17."

"Sollen wir das lieber nicht nochmal vom Rechnungswesen prüfen lassen?", wandte Herr Lieberknecht da ein.

"Nee-nee, ist schon gut, Liebchen", entgegnete Dr. Fleischhauer, "der Azubi hat Abitur; das wird schon stimmen. Nu mach' mal!"

"Ok, wieviel soll Marketing nochmal bekommen?"

"Die Hälfte – und?"

"Moment… kurz überlegen… Normalerweise rechne ich immer nur mit plus, das hier ist aber mit durch."

"Ja sicherlich – 17 durch 2 müssen Sie rechnen!"

"Okay… so, jetzt… oha, da kommt was mit Komma raus, das geht nicht."

Dr. Fleischhauer runzelte die Stirn, "stimmt, das geht nicht – merkwürdig…"

Da meldete sich Herr Groth: "Also, mit Car-Sharing ginge das; dann können sich zwei oder mehrere Kollegen einen Wagen teilen!"

"Kommt gar nicht in die Tüte, Groth", wandte Dr. Fleischhauer ein, "wir sind doch keine Ökos."

"Und wenn wir einfach ein bissel auf- und abrunden würden? Das merkt doch keiner." Herrn Groths Eifer wuchs mit seinen Ideen, "oder wenn wir die einfach selber behalten würden? Ich weiß, wie man das verbucht, so dass das kein Schwein merkt!"

"Kommt gar nicht in Frage!", Dr. Fleischhauer wurde sehr ernst, "Wir sind zwar eine Bank, aber wir sollten ein Mindestmaß an Anstand bewahren!"

"Auch als Bad Bank?" wagte Salzmann einen Scherz.

"Ach so, stimmt ja...", überlegte Dr. Fleischhauer, "ach nein, das schließt sowas wahrscheinlich nicht mit ein."

"Und jetzt?", fragte Herr Lieberknecht unschlüssig.

"Tja, Liebchen, also mein Managerbauch sagt mir, dass wir erstmal eine andere Abteilung vorziehen sollten; wahrscheinlich klappt's dann hinterher auch mit der Hälfte für Marketing. Oft ist es bei der Lösung eines Problems eine Sache der Reihenfolge bzw. der Prioritäten, "Pragmatismus, Flexibilität und Querdenken" lautet die Parole – hatte ich gerade erst auf dem Manager-Seminar in Emden neulich, *Making by Faking* hieß das. Dann machen Sie mal ein Drittel für die Immo-Truppe!"

Herr Salzmann fing an zu tippen und hielt dann inne: "Da kommt schon wieder was mit Komma raus – und diesmal sogar ganz viele Zahlen dahinter."

"Ups", Dr. Fleischhauer war nun etwas irritiert, "wahrscheinlich ist Ihr Rechner hinüber."

"Glaube ich nicht – was war nochmal der Anteil für die Buchhaltung?"
"Moment... ein Neuntel" Salzmann tippte.
"Das gibt's doch nicht! Schon wieder mit Komma und ganz vielen Zahlen dahinter."
Dr. Fleischhauer wurde nun ungeduldig, "das kann alles nicht sein, meine Herren! Der Verteilerschlüssel kommt von ganz oben; das hat schon einen Sinn, was der Chef sich denkt."
"Naja", schaltete sich Herr Groth ein, stoppte seinen Gedankenfluss nach einem strafenden Blick von Dr. Fleischhauer aber gleich wieder.

"Nun ist guter Rat aber teuer", seufzte Herr Lieberknecht.
"Ha, genau, das isses! 'Rat' - das ist das Stichwort! Wozu leisten wir uns denn einen Berater?" Dr. Fleischhauer wurde froh. "Und das Gute ist: Minze wollte sowieso zu unserem Meeting dazustoßen."
"Und da kommt er ja auch schon – wie gerufen!" Salzmann zeigte Richtung Parkplatz.
"Wenn man vom Teufel spricht..."

Und tatsächlich: Marcus Minze – seines Zeichens Unternehmensberater – bog soeben mit seinem Wagen um die Ecke, sah die winkenden Männer und parkte direkt am Ende neben den 17 besagten Firmenwagen ein. Gewandt entsprang er seinem Gefährt und kam federnden Schrittes auf die wartenden Herren zu.
"Na, das lobe ich mir – eine Arbeitspause im strahlenden Sonnenschein! Moin zusammen! Ich mach' mal so." und klopfte zur Begrüßung dynamisch-bestimmt auf den Tisch.

"Moin Herr Minze", erwiderte Dr. Fleischhauer, "Pause? Schön wär's; nein, mein Lieber, wir sind hier hart am Arbeiten und sind
soeben auf ein Problem gestoßen, bei dessen
Lösung Sie uns sicher helfen können – ja,
helfen *müssen*; Sie sind hier schließlich ein
hochbezahlter Berater." Und Dr. Fleischhauer
setzte Herrn Minze den ganzen Sachverhalt
auseinander.

"Na, dann woll'n wir doch mal schauen",
meinte Marcus Minze, dachte ein wenig nach
und lächelte dann verschmitzt, "also da stehen offensichtlich 18 Autos. Die Hälfte ist
neun, also bekommt Marketing neun davon,
also bis zu dem grünen da. Die Immobilien-
Abteilung kriegt ein Drittel, das sind sechs
Fahrzeuge, also bis zum roten. Die Buchhaltung soll ein Neuntel erhalten, das wären zwei
Autos, also die beiden hinter dem roten, die
direkt vor meinem Wagen stehen. Problem
umgehend gelöst! Na, dann werd' ich mal
wieder – Rechnung folgt!"

Und Marcus Minze ging federnden Schrittes zu
seinem Auto, stieg ein und brauste davon.

Die vier Herren saßen wie vom Donner gerührt da und starrten dem entschwindenden
Berater tief beeindruckt hinterher.

"Wenn wir den nicht hätten..."

Liesa ist doof

Änne fand Liesa schon von Anfang an doof!
Sie hatte sich doch so sehr einen Bruder gewünscht, weil ihre Lieblingsfarbe blau war und
Jungs immer blau angezogen waren und dann
kam diese rosa Liesa und hatte auch noch
dieses blöde e im Namen, wo doch alle Lisas
in Ännes Büchern ohne e geschrieben wurden!
Änne fand Liesa auch deswegen doof, weil sie
nur zu schreien brauchte und schon kamen
Mammerle und Papperle angerannt und betü-
terten Liesa; wenn Änne aber schrie, wurde
sie immer an die Heizung gebunden, bis sie
schwitzte und das war ungerecht!
Sie hatte dann Liesa auch mal an die Heizung
gebunden, aber das war wohl ein bisschen zu
fest gewesen, weil sie ganz blau geworden
war und Mammerle und Papperle ganz doll
wütend. Und dann hatten sie Änne einen Tag
lang an die Heizung gebunden, Liesa aber
eine Puppenstube geschenkt. Liesa war doof!!

Und dann war der Tag gekommen, als Änne
ganz klar wurde, dass es so nicht weitergehen
konnte; Mammerle hatte Liesa zwei Zöpfe
gemacht und Änne hatte gesagt: "Kannst du
mir auch Zöpfe machen?" und Mammerle hatte gesagt: "Bei dir geht nur Pferdeschwanz"
und das fand Änne so gemein. Liesa war doof!

Und Liesa musste weg, beschloss Änne und
hatte auch schon einen schönen Plan.

Sie kaufte jede Woche von ihren drei Euro Taschengeld nebenan bei *Spielzeug Möller* drei von diesen schönen Ballons, die von selber hochgehen und machte sie an ihrer Bodenvase fest.

"Oh", sagte Papperle, als er sie einmal sah, "wofür brauchst du die denn?"

"Die sind für Liesa", antwortete Änne.

"Ach", sagte Papperle, "und wir dachten immer, du findest Liesa doof."

"Naja...", entgegnete Änne geheimnisvoll und lächelte.

Als nach einigen Wochen Änne wieder einmal drei Ballons an die Bodenvase gebunden hatte, stieg diese plötzlich auf und wurde nur durch die an die Zimmerdecke stoßenden Ballons am Weiterflug gehindert.

Da wusste Änne, dass es endlich soweit war, denn die Bodenvase war genauso schwer wie die doofe Liesa, hatte sie mal ausprobiert. Sie machte die Ballons ab, ging in den Garten zu Liesa, band die Ballons an ihr fest und ließ sie steigen. Liesa guckte ganz verwundert und entschwand wortlos – 'Ist die doof', dachte Änne und drehte sich zufrieden um.

Kurz darauf kamen Mammerle und Papperle aus dem Haus gestürzt. "Wo sind denn die schönen Ballons, Änne?" fragten sie.

"Die sind weg", sagte Änne, "und nicht nur die. Schaut mal da hinten! Nein, weiter oben!" Man konnte Liesa noch ganz gut erkennen; sie flog ziemlich genau in Richtung Süd-West und musste jetzt etwa über Bad Sülzbach sein.

Da wurden Mammerle und Papperle ganz böse und überlegten, wie sie Änne bestrafen könnten; dass es diesmal nicht mit Festbinden an der Heizung getan sein konnte, war klar. Und als bibeltreue Menschen mit alttestamentarischem Schwerpunkt, die sie waren, lag die Art der Sühne in Anlehnung an den Spruch "Auge um Auge, Zahn um Zahn!" unmittelbar auf der Hand: Stracks erstand Papperle bei *Spielzeug Möller* deren Restbestand an Heliumballons und die guten Eltern banden Änne umgehend an jenen fest.

Zum Glück war die Anzahl der Ballons ausreichend und somit entschwand auch Änne in Richtung Süd-West. Das Ganze hatte einen Hauch von *Hänsel und Gretel*, wie Papperle verschmitzt feststellte.

Die Gesetze der Physik besagen nun, dass innerhalb einer Gasströmung derjenige von zwei Körpern schneller vorangetrieben wird, der die größere Querschnittsfläche aufweist (oder so ähnlich). Und da die Großwetterlage aktuell so beschaffen war, dass die Windrichtung schon seit dem frühen Nachmittag exakt stets dieselbe war, näherte sich Änne, die deutlich höher und breiter war als Liesa, dieser kontinuierlich; beide hatten inzwischen eine mittlere Reisehöhe von etwa 800 Fuß erreicht und kamen gut voran.
Änne wusste nicht recht, was sie sich von der Situation in der Folge erhoffen sollte; am besten überholte sie erstmal die doofe Liesa, dann würde man schon weitersehen.

Aber dazu kam es leider nicht, da der Wind
Änne direkt auf Liesa zutrieb. Sie kollidierten
dann auf eine höchst ungünstige Weise, denn
die Bänder ihrer Ballons verfingen sich derart
heftig und gründlich untereinander, dass Versuche einer entsprechenden Entflechtung absolut aussichtslos waren. Tja.

Entnervt warf der Autor seinen Stift auf den
Tisch. Er hatte sich – das musste er sich eingestehen – ähnlich in seiner Geschichte ver-
fangen wie soeben die Ballons in dieser, war
es doch ursprünglich sein Konzept gewesen,
zwar auf ein solches zu verzichten, jedoch das
Verhältnis der ungleichen Schwestern im
Gesamtkontext derart in ein gesellschafts-
politisches Licht zu tauchen, dass einerseits
nicht nur die Stereotype der sogenannten
"heilen Familie" eine nie gekannte Trans-
parenz erfahren würde als auch das geschick-
te Einstreuen familiengeschichtlicher Impres-
sionen – die schönen Tage in Grönland, das
Scheidungsdrama von Oma, Papperles hart-
näckige Hämorrhoiden – beim Leser diejenige
heimelige Grundstimmung erzeugen würde,
derentwegen er das Ganze ja schließlich las.
Und das war nun voll in die Hose gegangen!

Frustriert ballte der Autor das so unglücklich
beschriebene Blatt zusammen und war gerade im Begriff, dasselbe durch einen geschick-
ten Wurf dem Papierkorb zu überantworten,
als er innehielt, das Papier wieder ausein-
anderfaltete, einigermaßen glattstrich und
sich sagte: "Ach, wer weiß, wozu man's noch
brauchen kann. Man weiß ja nie…"

Der neue Schüler

Lehrer   Liebe Kinder - wir bekommen heute einen neuen Schüler. Er heißt Ingo, und ich habe gehört, daß er nur Fußball im Kopf hat. Ah - da kommt er ja schon!

Ingo   *(läuft herein, stellt sich neben den Lehrer und singt:)* Einigkeit und Recht und Fra-ha-heit für...

Lehrer   Nein, nein, Ingo - das machen wir hier nicht. Setz' dich mal da hin, wir fangen gleich an.

Ingo   *(setzt sich hin)* Ach, haben Sie schon angepfiffen, Schiri?

Lehrer   Also, erstens pfeifen wir hier nicht an, sondern es läutet, und zweitens heiße ich nicht Schiri, sondern Matthäus.

Ingo   Oh Gott - sind Sie etwa der Vater vom Loddar?

Lehrer   Was redest du da für Unsinn?! Schluß jetzt - wir fangen an! Wir haben jetzt Biologie, und wir wollen doch mal sehen, ob du außer Fußball noch was anderes kennst. Also: Erzähle uns doch mal etwas über Schwalben.

Ingo   Schwalben sind 'ne Sauerei und müssen gepfiffen werden. Spieler, die 'ne Schwalbe machen, gehören vom Platz geschmissen. Der Götze hat mal 'ne Schwalbe gemacht, die war...

Lehrer   Stop, stop, stop, stop - Also, du und dein Fußball! Allmählich verstehe ich, warum sie dich von deiner alten Schule geworfen haben.

Ingo   Ach, die haben mir doch da nur die rote Karte gezeigt, weil sie keine Ahnung haben. Alles Amateure!

Lehrer   Schwalben sind <u>Vö-gel</u>! <u>Vö-gel</u>!! Erzähle mir etwas über <u>Vö-gel</u>!!!

Ingo   Kein Problem. Das Wichtigste bei Vögeln sind die Flügel, und die sind echt wichtig, weil: Angreifen muß man über die Flügel, dann nach innen flanken, so die gegnerische Abwehr aufreißen, und schon zappelt der Ball im Netz!

Lehrer   Verdammt! Du hörst jetzt sofort auf, über Fußball zu quatschen!! Sofort!!!

Ingo   Jaja, schon gut, Schiri...

Lehrer   *(schreit)* Ich heiße Matthäus!!!
Und jetzt deine letzte Chance -
Sag' mir: Welches politische Amt
bekleidete Roman Herzog???!!!

Ingo   Also, erstens heißt der nicht
<u>Roman</u> Herzog, sondern <u>Andy</u>
Herzog, und zweitens war der mal
Spielmacher bei Werder Bremen.

Lehrer   Jetzt platzt mir aber der Kragen!!
Du wirst heute nachsitzen und
hundertmal aufschreiben: "Es gibt
noch andere Sachen in der Welt
als Fußball."!!!

Ingo   *(nimmt ein Handy aus der Tasche,
wählt eine Nummer und sagt nach
kurzem Hinein-Horchen):* Hi, ich
bin's, der Ingo. Ich komm' heute
etwas später, es geht hier in die
Verlängerung.

Lehrer   *(brüllt und jagt Ingo aus dem
Klassenzimmer)* Raus, raus,
raus!!!!!

Ingo   *(rennt – einen schwarz-weiß-
blauen Schal hochhaltend – weg
und singt dabei:)* Deutscher
Meister wird nur der HSV, nur der
HSV, nur der HSV! Deutscher
Meister wird nur der HSV...

Frau Gantner

Es fing eigentlich ganz harmlos an: Frau Gantner riss sich beim Hantieren mit der Waschmaschine derart unsauber den rechten Arm ab, dass dieser nicht wieder angenäht werden konnte. Somit wurde eine entsprechende Transplantation erforderlich, die auch sofort durchgeführt wurde.

So weit, so gut.

Als jedoch in der Folgewoche der Verband um den operierten Arm abgenommen wurde, stellte der Chirurg erstaunt fest, dass Frau Gantner nun über zwei linke Arme verfügte. Der Grund war schnell gefunden.
Was nun tun? Die Idee, die Prozedur mit einem passenden Arm zu wiederholen, wurde schnell verworfen, da der transplantierte Arm keinerlei Abstoßungserscheinungen zeigte, sondern im Gegenteil schon so perfekt angewachsen war (die Vernarbung war schon kaum noch mit bloßem Auge auszumachen und von einem Zartrosa, das man sonst allenfalls von frischer Kalbsleberwurst gewohnt ist), dass es nicht zu verantworten gewesen wäre, hier ein unnötiges Risiko einzugehen. Man beschloss also im gegenseitigen Einvernehmen – auch unter Einbeziehung der zuständigen Krankenkasse –, die Dinge so zu belassen, wie sie waren und das Beste daraus zu machen.

Frau Gantner gewöhnte sich glücklicherweise erstaunlich schnell an die neue Konstellation ihrer oberen Extremitäten, einige Dinge trübten jedoch ihren Alltag ein wenig: Zum einen war es die stets wiederkehrende und in ihrer Intensität nicht abnehmende Irritation seitens ihrer Manikürin, welche nicht nur anfangs mit starken und recht abstoßenden Brechreizen derselben verbunden war, zum anderen stellte Frau Gantner fest, dass sie beim Geradeausgehen konstant ein wenig nach rechts abdriftete, was wahrscheinlich auf eine der ungewohnten Asymmetrie geschuldeten Muskelverschiebung ihres Bewegungsapparates zurückzuführen war.

Auch fand sie es sehr ärgerlich, den Fingersatz der von ihr ab und an gespielten Klavierstücke hälftig – also durchaus gravierend – umschreiben zu müssen.

Frau Gantner stellte somit Handlungsbedarf fest.

Weitergehende Überlegungen zusammen mit ihrem Chirurgen führten schnell zur einzig sinnvollen Lösung: Da eine korrigierende Transplantation ausgeschlossen war, musste Frau Gantners linker Arm auf analoge Weise behandelt werden.

Nach Rücksprache mit ihrer Krankenkasse bezüglich Erstattung der dann anfallenden Operationskosten und entsprechendem negativen Bescheid wiederholte Frau Gantner nach Prüfung ihrer Kontostände auf Anraten des Chirurgen ihre Aktion mit der Waschmaschine (diesmal seitenverkehrt), was auch glückte und zu einer weiteren Transplantation führte.

Auch dieser – nun rechte, jedoch links ange-
brachte – Arm wuchs schnell und komplika-
tionslos an, so dass die Symmetrie – wenn
auch auf eine andere Weise – wiederherge-
stellt war und Frau Gantner nicht nur wieder
anstrengungslos geradeaus gehen konnte,
sondern auch zu einem entspannten Verhältnis zu ihrer Maniküre zurückfand, der sie
einfach nacheinander erst einen rechten und
dann einen linken Arm darbot, wie diese es
auch gewohnt war.

Das Problem mit dem Klavier ließ sich ziemlich einfach dadurch lösen, dass Frau Gantner
die Arme beim Spiel überkreuzte, was nach
ein wenig Übung auch zufriedenstellend gelang (solange sie nicht gerade ein Stück von
Chopin oder gar Tschaikowski spielte).

Die ganze Angelegenheit schien damit erle-
digt, doch zu Frau Gantners Unmut stellte
sich alsbald ein weiteres Problem ein und das
hatte erneut mit ihrem Gang zu tun: War sie
mit Taschen, Tüten oder ähnlichen Trage-
objekten unterwegs, schien alles normal zu
sein. Ging sie jedoch schnellen Schritts frei-
händig oder joggte gar, musste sie feststellen, dass ihre Arme nicht – wie allgemein
üblich – gegenläufig zum zugeordneten
Bein mitschwangen, sondern mit diesem rich-
tungsgleich, und zwar ohne dass sie dieses
ändern konnte; dieser Effekt stand nicht nur
einem harmonischen Fortbewegungsablauf
extrem entgegen, sondern gab Frau Gantner
auch den ihr entgegenkommenden Personen
optisch der Lächerlichkeit preis.

Der hinzugezogene und bereits bekannte Chirurg vermutete, dass die lebenslang geübte und erprobte Schwingrichtung der transplantierten (und zuvor ja anderseitig eingesetzten) Arme dermaßen in dieselben eingeprägt sei, dass sie nicht mehr umtrainiert werden könnten und aufgrund der aktuell nun kreuzweise erfolgten nervlichen Zuordnung die beobachtete und wohl unabänderliche Gesamtmotorik ergäben.
Das war eine gute Erklärung, wie Frau Gantner fand, aber keine, mit der sie sich zufriedengeben wollte.

Sie beriet sich mit dem Chirurgen und sie fanden miteinander eine gute und konsequente Lösung: Es bedurfte jetzt bezüglich Frau Gantners Beinen zweier ähnlicher Transplantationen wie der bisherigen – nur eben auf Beinbasis.
Da sie mit dem Chirurgen mittlerweile sehr vertraut war, waren einleitende Maßnahmen mit der Waschmaschine nicht mehr erforderlich – die Operationen wurden direkt, sofort und auf einen Schlag vorgenommen, da des Chirurgen Körperteil-Depot gut sortiert war.

Auch jene Eingriffe verliefen zur vollen Zufriedenheit der Beteiligten, nur fiel ihnen hinterher auf, dass sie es sich eigentlich ein wenig schwerer als nötig gemacht hatten, da man ja als Transplantationsobjekte statt der Fremdbeine durchaus die Eigenbeine hätte heranziehen können.
Sei's drum.

Hier endet die Geschichte aber immer noch nicht, denn just an dieser Stelle wird sie durch eine romantische Komponente berei-chert.

Die anfangs rein medizinische Beziehung zwischen Frau Gantner und ihrem Chirurgen hatte sich mittlerweile auch menschlich so weit vertieft, dass beide begannen, (im übertragenen Sinne) Augen aufeinander zu werfen. Dies brachte es zwangsläufig mit sich, dass Frau Gantner den Wunsch verspürte, sich optisch-körperlich zu optimieren; konkret bedeutete dies in erster Linie das dringende Bedürfnis, sich einer Fettabsaugung zu unterziehen, eine Idee, die dem Chirurgen bezüglich Frau Gantners ebenfalls schon früh gekommen war.

Es wurde nicht lange gefackelt; die Abzusaugende wurde an die entsprechende Apparatur angeschlossen und diese umgehend in Gang gesetzt. Und hier unterlief dem Chirurgen ein weiteres Missgeschick: Wohl aus Übereifer angesichts des zu erwartenden Ergebnisses stellte er die Maschinerie auf eine Motorstufe ein, welche ausschließlich für den Einsatz in Abdeckereien konzipiert war, wo man Tierkadaver vollständig von Fettresten befreit, um die verbleibenden Leiber dann an Kürschner, Museen etc. weiterzuleiten.

Als der Chirurg dieses Fehlers gewahr wurde und er auf eine niedrigere Motorstufe wechseln wollte, klemmte zu allem Überfluss der entsprechende Schalter, so dass das Vorhaben erst zu einem Zeitpunkt gelang, als Frau Gantner bereits von all ihrem Fett und Bindegewebe vollständig befreit war.

Nun galt es, schnell und beherzt zu handeln: Da das ausgesaugte Material wegen des durch die hohe Saugstärke extrem kleinteiligen Zerlegungsergebnisses nur bedingt wiederverwendbar war (von hygienischen Aspekten mal ganz zu schweigen), musste auch in diesem Fall wieder Lagerware herangezogen werden.

Der Stopfvorgang verlief ohne größere Komplikationen und eine anschließende Verteilungsmassage führte schließlich in akzeptablem Maße zur gewohnten Physiognomie.

Allerdings hatte Frau Gantners Haut durch das Aussaugen sowie das anschließende Walken sichtlich gelitten – auch der wohlwollendste Betrachter musste zugeben, dass sie sich nicht nur stark ausgebeult präsentierte, sondern auch von einer unangenehmen Rissigkeit und Spröde war – diese Haut war nicht mehr tragbar! Kein Problem wiederum für den Chirurgen, der Frau Gantner umgehend rundum "neu einkleidete".

Leider hatte er ein wenig zu großzügig zugeschnitten, so dass im Anschluss ein Ganzkörper-Lifting erforderlich wurde. Die überschüssige Haut sammelte sich auf der Schädeldecke und wurde vom Chirurgen auf das Geschickteste entfernt; dies betraf auch Frau Gantners Frisur, was aber eher ein Vorteil war, da sie zeitlebens unter Spliss gelitten hatte.

(Es sei noch erwähnt, dass der Chirurg im Zuge der zuletzt geschilderten Aktion das Nützliche mit dem Angenehmen verbunden hatte, indem er Frau Gantner zwei bemerkenswerte Brust-Implantate eingesetzt hatte,

eine Idee, die sicherlich auch Frau Gantner
selbst begeistern würde.)

Die letzten Tage hatten Frau Gantner – wen
wundert's – nicht nur körperlich, sondern
auch psychisch enorm zugesetzt, und zwar
dermaßen enorm, dass sie völlig vergessen
hatte, mit ihrer Ernährung fortzufahren.
Das wiederum führte nun dazu, dass plötzlich
ihr gesamter Verdauungsapparat nicht nur
streikte, sondern auch ein Stadium erreicht
hatte, in welchem nichts mehr funktionierte
und funktionieren würde.
An dieser Stelle war wieder der Chirurg ge-
fordert und er kam dem in vollem Umfang
und erfolgreich nach.
Leider nicht ganz erfolgreich – er hatte nämlich vor dem Eingriff versäumt, Frau Gantners
Kreislauf genügend zu stablilisieren, was zur
Folge hatte, dass Herz und Atmungsorgane
ihre Tätigkeit für immer einstellten.
Hurtig schuf der Chirurg transplantatorisch
Abhilfe.
Hierbei gab es für ihn abschließend noch eine
reizvolle Zusatzaufgabe: Da während des
Vorgangs Frau Gantners Brustkorb vollständig
zu Bruch gegangen war, musste ihr abschließend ein Satz neuer Rippen eingezogen
werden, eine Operation, die kein Kinderspiel
war.
Und prompt ging die Sache auch insofern
schief, als es durch unsachgemäße Hand-
habung der Vortriebsfräse zu einer schweren
Blutvergiftung kam, was nun auch noch einen
sofortigen Blutaustausch nötig machte.

Aber jetzt kam Frau Gantner doch ein wenig zur Ruhe. Was hatte sie in letzter Zeit nicht alles durchgemacht! Sie kam ins Grübeln.
Was an ihr war denn eigentlich noch echt, sie selber?
Wenn sie bedachte, dass sie im Vorjahr fortpflanzungsmäßig gesehen auch noch eine Totaloperation hatte durchführen lassen müssen, verblieben als Originalteile ja tatsächlich nur noch Wirbelsäule und Gehirn – ein schauerlicher Gedanke...

Je länger sie darüber nachdachte, desto unruhiger wurde Frau Gantner; sie war ein phantasievoller Mensch und steigerte sich dermaßen in die Thematik hinein, dass schließlich ihre Psyche überkochte und im Gehirn die Synapsen zu Tausenden, ja Millionen in die Brüche gingen. Durch diesen Vorgang fielen weite Hirnbereiche komplett aus, was der Chirurg auch alsbald erkannte und die einzig richtige Schlussfolgerung zog: Auch Frau Gantners Gehirn musste ersetzt werden!
Dies war zwar ein äußerst komplexes und anspruchsvolles Vorhaben, aber da der Chirurg ein sehr erfahrener solcher war, ging auch diese Operation gut vonstatten und Frau Gantner fiel in einen tiefen Schlaf.

Langsam lichtete sich das Dunkel vor den Augen, die Konturen ringsum wurden deutlicher; es schien ein Krankenzimmer zu sein. Wieso Krankenzimmer? Die letzte Erinnerung war doch die an die plötzliche und niederschmetternde Erkenntnis, vergessen zu haben, die Sicherung auszuschalten.

Herr Wiesenberg war ausgesprochen irritiert, was sich noch erheblich steigerte, als er be- merkte, dass ihm Brüste gewachsen waren – sogar recht ansehnliche.
Hoffentlich konnte ihm der neben seinem Bett stehende Herr im grünen Kittel das erklären...

Patenteinreichung

Betr.: Patenteinreichung

Sehr geehrte patentamtliche Behörde,

*hiermit reiche ich die folgende Patent-
einreichung wie beschrieben ein:*

Patent 'Müllverhinderungsanlage'

*Es handelt sich bei der Müllverhinderungs-
anlage – im folgenden kurz MÜVA genannt –
um eine Anlage zur Verhinderung der Müll-
entstehung beziehungsweise der Müllverblei-
bung. Diese wird nachfolgend zum Zwecke
der patentmäßigen Anmeldungseinreichung
beschrieben.*

A Eintreffen des Mülls

*Der ganze bei der MÜVA eintreffende Müll
wird mit Hilfe geeigneter chemischer Verfahren so weit zerlegt, bis nur noch Atome übrig
sind. Diese werden dann anschließend fein
säuberlich nach Atomarten sortiert und in
geeignete Behälter verbracht. All dieses passiert mit Maschinen.*

Die Behälter sind so gebaut, dass sie zu den Atomarten passen.
Für Eisenatome zum Beispiel sind einfache Container gut, die aber überdacht sein müssen, weil Eisen rostet.
Quecksilber gehört in Tanks.
Helium kann auch in Tanks, aber die müssen am Boden befestigt sein.
Behälter mit radioaktiven Atomen müssen verschraubt sein und es muss ein gelber Aufkleber drauf.
Die Gefäße mit Gold- und Silberatomen müssen von Securiti umstellt sein.

Alle Behälter hängen an einem großen Rohrsystem, auf das an späterer Stelle dieser Einreichungsbeschreibung beschreibungsmäßig noch genau eingegangen wird.

B Wiederverwenden

Das Prinzip der MÜVA ist, dass, wenn, obwohl es alles mal Müll war, in den Behältern ausreichend Atome vorhanden sind, alle Atome wieder zu Gebrauchsnutzgegenständen zusammengesetzt werden und das geht so:

a)
Die MÜVA hat einen großen Computer ("MÜVA-Computer"), der über Kahbel in den Rohren mit allen Behältern verbunden ist und der darum weiß, wieviele Atome von jeder Sorte da sind.

b)
Der MÜVA-Computer ist über Internet auch
mit allen Häusern verbunden. Über Sensoren
erkennt der Computer vollautomatisch, wel-
cher Gebrauchsnutzgegenstand in welchem
Haushalt fehlt oder die brauchen.

c)
Wenn der MÜVA-Computer gemerkt hat, dass
irgendwo ein Gebrauchsnutzgegenstand fehlt,
saugt er die dafür gebrauchten Atome über
die Rohre (siehe oben) an und stellt ihn mit
Hilfe von chemischer <u>und</u> physikalischer Ver-
fahren her.

d)
Bemerkung: Weil keine Geschäfte dazwischen
sind, sind die Gebrauchsnutzgegenstände
ganz billig und und das ist gut, weil die
Menschen dann mehr Geld haben.

Man kann auch mit einer extra Taste
Gebrauchsnutzgegenstände direkt herstellen
lassen; die Ausgabe erfolgt über ein groß
genuges Ausgabefach.

Ich hoffe, dass meine Patenteinreichung eine
Genehmigung kriegt, weil es das ja noch gar
nicht gibt.

Sven-Kevin Hünnemann, Kl. 8a

Hölderlin

Hey Uschi! Du hier? Ich denke, du hast Mittwoch immer deinen Bügelclub.

Normal ja, aber heute kommen die neuen Bretter, da räumen die Männer um.

Wow, neue Bretter! Die bräuchten wir auch mal.

Wie – du bist auch in einem Bügelclub?

Nee, ich mein' für's Surfen. Aber sag' mal, was macht denn dein Hölderlin?

Och ja – wir sind noch zusammen, hihi.

Mensch, Uschi-Schätzchen, echt? Ich sag' dir, der tut dir nicht gut; glaub' mir das doch mal endlich, Dummchen! Du siehst auch überhaupt nicht gut aus – so dünn!

Du nervst, Svenja. Wieso denn dünn? Du meinst wohl schlank; ich bin doch am Abnehmen, du Tussi.

Aber man kann's auch übertreiben. Wie lang geht das eigentlich schon mit euch beiden?

Naja, seit dem Ägypten-Urlaub, denke ich mal.

Ach ja. Wie lang ist das jetzt her? Das war im September oder? Mensch, schon fast fünf Monate; ich finde, das reicht jetzt dann auch mal. Wie lange soll das denn noch gehen?

Lass mich bitte; ich weiß schon, was ich mache.

Also normal ist das nicht – wart Ihr denn schon mal beim Arzt?

Ja, letzte Woche. Willst du mal ein Foto sehen?

Vom Arzt?

Nee, von Hölderlin. Warte, ich hab's hier... Hier, ist aber ein bissel unscharf.

Kann man ja gar nix erkennen drauf; wo isser denn?

Hier so. Ach komm', lass, gib' her.

Warum hast du ihn eigentlich Hölderlin ge-nannt?

Na, das war doch auch so ein langer Dünner oder?

Weiß nich, kenn mich mit Komponisten und so nich so aus – also ich find's pervers.

Lass mich! Noch zwei, drei Wochen, dann ist Schluss.

Versprochen?

Versprochen!

Großes Tussen-Ehrenwort?

Großes Tussen-Ehrenwort!

Uschi, Uschi – mit Bandwürmern ist echt nicht zu spaßen…

Muddl

"Mensch Muddl, jetzt musst du dich aber
wirklich mal entscheiden."
"Siegfried, halt' dich da raus, das ist alleine
meine Sache!"
Siegfried fror. Er hatte nicht damit gerechnet,
dass sie so lange brauchen würden, einen
zufriedenstellenden Weihnachtsbaum zu finden. Dabei waren er und Muddl diesmal extra
in einen Wald außerhalb der Stadt gefahren,
wo man recht günstig in einer dafür vorgesehenen Schonung schöne Bäumchen bekommen konnte.

Wenn es nach ihm gegangen wäre, hätte es
auch ein Baum vom Stand neben ihrem
Wohnhaus sein können; dort gab es sehr
schöne Exemplare, aber Muddl hatte gemeint,
er solle sich da raushalten, es sei alleine ihre
Sache. Das sagte sie irgendwie immer – so
klein und schmächtig sie auch war, sie war
eine sehr energische Person.

Siegfried hatte das Gefühl, nun schon stun-
denlang bäumchensuchend in dieser ver-
dammten Schonung herumgestochert zu sein
und er hatte damit sowas von Recht. Diverse
Tännchen hatten ihm bereits zugesagt, aber
auf entsprechende Vorschläge hatte Muddl ihn
jedesmal angefahren, er solle sich da raushalten, es sei alleine ihre Sache. Er konnte es
allmählich nicht mehr hören.

Inzwischen hatten sie sich zum dritten Mal in die Nähe des Eingangsbereiches durchgearbeitet. Siegfried seufzte.

Wenigstens war es nicht mehr so mühselig wie früher, den erworbenen Baum nach Hause zu verfrachten. Hatte man sich nämlich für einen entschieden, sägte man ihn ab und brachte ihn zum Eingangsbereich zwecks "Einnetzung". Dabei handelt es sich um eine der segensreichsten Erfindungen der letzten Jahrzehnte (neben beidseitig benutzbarem Toilettenpapier), ist es doch nun möglich, den frisch gefällten, von Natur aus äußerst sperrigen, jedoch nach dem Eingenetztwordensein erfreulich schlanken Baum elegant und sicher – zumeist auf das Autodach geschnallt – in die heimischen Räumlichkeiten zu verbringen.

Die Mechanik der entsprechenden Apparatur ist ebenso einfach wie simpel: Der betreffende Baum wird (abhängig von der Baumart) mit dem Fuß oder mit der Spitze durch einen – je nach Baumumfang – geeignet großen Ring geschoben, welcher fest mit einem nachgelagerten aufgespulten Endlosrundnetz versehen ist.

Der Einnetzungsmaschinenbediener drückt nun auf einen Knopf und mit einem Ruck wird der Baum durch den Ring gezogen, während dieses Vorgangs in Sekundenschnelle zweigschonend zusammengedrückt und vom jeweiligen Anfangsstück des verbleibenden Endlos-Netzschlauches fest umschlossen.

Anschließend wird das Netz am Ende des Baumes abgetrennt.

Die soeben getätigte Beschreibung ist übrigens – der gewiefte Leser wird es bemerkt haben – in einem winzigen Detail nicht ganz realitätskonform; es handelt sich bei dem erwähnten Netzschlauch – wen wundert's – keineswegs um einen endlosen solchen, sondern irgendwann ist auch er – wie alles in dieser Welt – am Ende, und diese Tatsache gibt unserer Geschichte nun den dringend erforderlichen dramatischen Einschlag.

"Achtung, Achtung!" Das waren die Männer von der Einnetzungsmaschine, die durch ein Megaphon sprachen. "Wir haben leider nur noch Netz für einen einzigen Baum auf der Maschine!"

Muddl geriet in Panik, weil sie beobachtet hatte, dass noch mehr Leute im Wald herumsuchten: "Schnell, schnell, Siegfried, säg' den hier ab!"
"Aber Muddl, der ist doch viel zu breit für unsere kleine Stube."
"Halt' dich da raus und säg', Siegfried; das ist alleine meine Sache!"
Muddl war bestimmt wie immer; Siegfried ballte die Faust in der Tasche.
Grimmig setzte er seine Säge an und Sekunden später lag das Bäumchen vor ihnen; als Chirurg im zweiten Lehrjahr hatte er da keine Mühe.
"Los zur Maschine!!" Muddls Stimme überschlug sich fast.
Siegfried hob den Baum an der Spitze, Muddl packte hinten mit an und sie stolperten los.

Sie hatten Glück: Sie waren die ersten – ganz knapp vor einem dicklichen, keuchenden Herrn im Lodenmantel mit einem Bäumchen auf der Schulter sowie – in etwa sechs Metern Abstand – einer dreikindrigen Familie, die gemeinschaftlich eine recht längliche Nord-manntanne hinter sich herschleifte.

Siegfried führte nun die Spitze des Baumes (es war eine Tanne mit abwärts gerichteten Zweigen) in den Ring der Einnetzapparatur ein, während Muddl noch fest die Zweige ge-packt hielt und triumphierend nach hinten feixte.

So bekam sie auch nicht recht mit, was vorne geschah und das war folgendes: Der Haupt-bediener rief laut "Achtung!!!" und drückte gleichzeitig den oben erwähnten Knopf.

Der Warnruf nun verfehlte seine Wirkung in-sofern völlig, da Muddl das Tännchen nicht nur nicht losließ und auch nicht Obacht gab, sondern geleitet von einem – wahrscheinlich vegetativen – Greifreflex sich nun erst recht im Baum festkrallte, was zur Folge hatte, dass sie sich – schwuppdiwupp! – etwa eine halbe Sekunde später gemeinsam mit dem gewählten Baum sauber eingenetzt auf der anderen Seite der Maschine wiederfand – et-wa auf halber Höhe des Baumes, die Arme gerade nach vorne gestreckt, das Gesicht press im Nadelgewirr; das Grün des Bäum-chens bildete einen reizvollen Kontrast zu Muddls altrosa Wintersteppjacke.

Siegfried schrie auf: "Um Gottes willen! Muddl! Was machst du denn da? Das ist ja schrecklich!!", aber dann nach kurzem Nach-denken murmelnd: "Das heißt…"

"Moment, ich schneide das Netz auf!", rief einer der Maschinenbediener und griff hurtig in seinen Werkzeugkoffer.

"Nein, halt!", fiel ihm da Siegfried ins Wort, "warten Sie."

"Wk-frp, mmmpf grmmmpf", tönte es gedämpft aber bestimmt aus dem Baum.

"Du hältst dich da raus, Muddl, das ist alleine meine Sache!"

Siegfried traute seinen Ohren nicht – hatte *er* das gerade gesagt? Ja, ohrenscheinlich – und es gefiel ihm.

"Wissen Sie", fuhr er sodann – an die Einnetzer gewandt – fort, "Wenn wir jetzt das Netz aufschneiden, kriegen wir den Baum nicht wieder so schmal, weil Ihre Rolle ja aufgebraucht ist; und dann bekommen wir den Baum nicht nach Hause und das geht gar nicht. Wir haben nicht weit, machen Sie sich keine Sorgen."

Und Siegfried zahlte, schulterte den eingenetzten Baum nebst integrierter Muddl, wünschte dem Einnetz-Team noch einen schönen Tag und machte sich auf den Weg zum geparkten Auto.

Das mit dem "Wir haben nicht weit" hatte er natürlich nur gesagt, um die Angelegenheit nicht noch komplizierter zu gestalten als sie ohnehin schon war; in Wahrheit hatten sie so ein, zwei Stündchen zu fahren. Sei's drum.

Nun galt es, den Muddl-Baum effektiv auf dem Autodach zu befestigen. Siegfrieds erste Gedanken waren: 'Muddl unter dem Baum geht nicht, weil sie da vielleicht nicht genug

Luft bekommt und doch sowieso schon Asthma hat. Muddl oben auf dem Baum ist auch ungünstig, wegen der dann über Muddl laufenden Spanngurte. Seitlich würde gehen.' Siegfried platzierte Muddl wegen der Leute dann doch lieber unterhalb des Baumes; unverständliche Presslaute – wahrscheinlich protestierender Natur – seitens der Eingenetzten ignorierte Siegfried konsequenterweise, zumal sie nach vollendeter Baumverzurrung kaum noch vernehmbar waren.

Die Heimfahrt verlief angenehm und störungsfrei; Siegfried spürte, wie ihm immer leichter ums Herz wurde und er begann, fröhlich Weihnachtslieder zu schmettern.

Zu Hause eingetroffen, galt es dann zunächst, den Muddl-Baum unauffällig in die Wohnung zu verbringen, die immerhin im dritten Stockwerk gelegen war. Das Netz zuvor aufzuschneiden, verbot sich, da der Baum für das extrem schmale Treppenhaus zu breit gewesen wäre. Da es schon merklich dämmerte und Siegfried sich den Baum mit der Muddl-Seite gegen den Körper drückte, verlief auch diese Aktion erfolgreich.
In der Wohnung angekommen, ergab sich dann allerdings umgehend eine weitere Frage: War es wirklich sinnvoll, das Netz jetzt schon aufzuschneiden? Zum einen würde dann der Baum mit seiner enormen Breite für ein paar Tage unnütz die Stube versperren, zum anderen meinte Siegfried, mal irgendwo gelesen zu haben, dass sich Tannenbäumchen zusammengeschnürt deutlich länger hielten.

Insofern war es keine Frage mehr, wie zu entscheiden war; Siegfried war sicher, dass Muddl ihm ungeteilt zustimmen würde, könnte sie sich halbwegs verständlich artikulieren. Wieder drangen unidentifizierbare Presslaute aus dem Baum und jetzt war er sich dessen nicht mehr ganz so sicher; er entschloss sich deshalb zur Sicherheit, ein wenig Überzeugungsarbeit zu leisten: "Muddl, denk doch an eure Wendland-Demos; da hast du tagelang im Baumhaus ausgeharrt; und hier ist es doch sogar noch viel gemütlicher. Es sind ja auch nur noch zwei Tage."

Zufrieden lehnte er den Baum an die hintere Stubenwand, nicht ohne sorgsam darauf zu achten, dass Muddl auf der Vorderseite positioniert war. Es waren zwar noch fünf Tage bis Heilig Abend, aber Kopfrechnen war noch nie Siegfrieds Stärke gewesen.

Am darauffolgenden Tag stand Siegfried früh auf und wollte gleich mal in der Stube nach dem Rechten schauen; schon vom Schlafzimmer aus hörte er die bekannten Presslaute, nur diesmal – wie ihm schien – deutlich lauter. Nun galt es, schnell zu handeln und er legte flugs eine CD mit Weihnachtsliedern ein, denn die Nachbarn redeten schnell einmal. So gingen die letzten Tage vor dem Fest dahin und Siegfried konnte von Tag zu Tag die Musik leiser stellen, da auch die Presslaute allmählich leiser wurden und schließlich gänzlich unterblieben; Muddl hatte wohl eingesehen, dass es so alles seine Richtigkeit hatte.

Am Heiligen Abend dann war es endlich soweit: Der Weihnachtsbaum konnte aufgestellt
und geschmückt werden – immer ein Vorrecht
von Muddl, die sich dieses auf die bekannte
Art auch nie hatte nehmen lassen; aber diesmal war Siegfried dran.
Er stellte den Baum in den Ständer und begann, vorsichtig das Netz aufzuschneiden.

Der Baum entfaltete nun Stück für Stück in
voller Breite seine ganze Pracht!
Merkwürdigerweise blieb Muddl dabei in den
Zweigen stecken; nur ihre Arme rutschten
seitlich ein wenig ab, so dass sie schließlich in
etwa horizontaler Stellung zum Stehen kamen.
Muddl sah jetzt fast aus wie ein Engel – ein
Weihnachtsengel!

Siegfried beschloss, sie dranzulassen.

Ob es wohl altrosa Weihnachtsbaumschmuck
gab?

Gleichgesonnen

Erwin, es läutet – das werden die Sülzmanns sein.

Jou, denke ich auch. Bemerkenswerter Name, was, Yvonnchen?

Hihihi...

Halli-hallo, wir sind die Sülzmanns; wir kommen auf die Anzeige.

Jou, wunderbar - immer rin in die jute Stube! Ich bin der Erwin.

Hallo Erwin, ich bin der Sven.

Hallo Sven.

Hallo Sven, ich bin die Yvonne.

Hallo Yvonne.

Erwin, hallo; und du bist die...?

Michelle. Michelle Sülzmann; aber du kannst Milli zu mir sagen. Wir duzen uns doch oder?

Na, das will ich meinen. Yvonne, das ist Milli.

Hallo Milli.

Hallo Yvonne.

Geht mal da links durch und setzt euch;
Sven, du am besten gleich da rechts und Molli
daneben.

Milli.

Sorry, Milli, klaro. Prosecco gefällig?

Och, gern, das kann doch nicht schaden.

Na, dann Prösterle! Ihr seid also das "gleich-
gesinnte Ehepaar"; schön, dass ihr gekommen seid.

Aber gerne doch.

*Milli und ich haben schon überlegt, dass
"gleichgesinntes Ehepaar" eigentlich total
ungenau ist.*

Wieso das denn, Sven? Noch ein Gläschen?

*Gern, Erwin. ... Dan-ke! Prösterle! ... Naja,
haben wir wirklich dasselbe im Sinn wie ihr?
Und was ist das überhaupt? Kann ja aber
auch heißen, dass ihr ein gleichgesinntes Ehepaar mit gewissen Vorstellungen seid und wir
auch.*

Wie... mit anderen Vorstellungen oder was?

Theoretisch ja möglich, haha.

Haha.

Hihihi.

Och, das passt schon, Sven. Auch noch ein Gläschen, Milli?

Da sag' ich nicht "nein", Erwin. ...
Dan-ke! Prösterle!

Was Milli und ich uns gefragt haben, ist auch: Heißt es nicht eigentlich "gleichgesonnen" und nicht "gleichgesinnt"?

Stimmt, Sven; es heißt ja auch "geronnen" und nicht "gerinnt"!

Oje - da gerinnt mir ja das Blut in den Adern! Geht beides!! Hohoho!!!

Hihihi... du nun wieder, Erwin.

Aber gutes Stichwort, was, Yvonnchen? Wollen wir dann mal loslegen, Leute?

Hä? Wieso ist das denn dafür ein gutes Stichwort, Erwin?

Ach nix, Sven, ich wollte bloß eine witzige Überleitung finden.

Also ich würde lieber vorher noch ein bissel quatschen. Was macht ihr denn so beruflich, Yvonne und Erwin?

Och, so kaufmännisch.

Ach – und was da genau? Welche Branche?

Wir machen in Fleisch.

Oh, ihr arbeitet zusammen?

Ja, Yvonne hilft tüchtig mit, was, Yvonnchen?

Hihihi.

Wo habt ihr denn euern Laden oder so?

Das läuft alles ohne Laden, Sven. Wir liefern
hochwertiges Fleisch direkt vom Erzeuger an
ausgewählte Spezialitäten-Restaurants.

*Hörst du, Milli? Ich glaube, jetzt könnten wir
ein paar gute Tipps kriegen, was?*

*Oh ja, wir gehen gar zu gerne essen.
Welche Restaurants in der Stadt beliefert ihr
denn, Yvonne? Kennt man die?*

Das... das sind ganz spezielle... die... sieht man
nicht so vorne an der Straße, die... Erwin, sag' du
doch auch mal was!

Jou, gern. Also ich kann euch ganz fest ver-
sprechen, dass wir euch mindestens einmal in
eins dieser Restaurants mitnehmen; was
meinst du, Yvonnchen?

Hihihi.

Nur eins, Erwin? Also ich finde, wir probieren sie alle mal durch, was, Milllein?

Ja, klar; das wird bestimmt nett.

Hihihi.

Jou, das wird nett. Und wahrscheinlich kriegen wir das auch hin, dass ihr in mehr als ein Restaurant kommt; da können wir wohl schon was deichseln, was Yvonnchen?

Hihihi.

Sagt mal, Leute, seid ihr auch so müde? Milli, du schläfst ja auch gleich ein; wir waren doch eben noch topfit. Wie wird mir auf einmal...

Was... hast... du...   ...   Sven...

Na, dann kommt mal mit in den Keller, Milli und Sven; da ist es saugemütlich und da könnt ihr euch erstmal schön ausruhen.
...
Kommt, wir stützen euch.

Ja... stützen... ausruhen...

Komm, Yvonnchen, wir hams mal wieder - auf geht's; pack' mit an!

Hihihi.

Hebelwirkung

Michael Wilson liebte seinen Beruf, er konnte sich keinen schöneren vorstellen. Dieser hatte – was er schon immer gewollt hatte – etwas mit Menschen zu tun, war verantwortungsvoll und ein Rädchen in einem wundervollen Getriebe, welches zum Besten der Gesellschaft arbeitete. Es war zudem eine Tätigkeit, welche den staatlichen und kirchlichen Bereich auf harmonische Weise miteinander verband und somit sozial breit aufgestellt war. Michael Wilson war stolz, diese Arbeit zu haben und freute sich auf jeden Einsatz.

Während er sich ankleidete, überlegte er, was sein heutiger Klient wohl für ein Typ war. Michael Wilson stellte sich vor, dass es ein Mann mittleren Alters wäre, mit einer hübschen jungen Frau. Und da wären vielleicht noch zwei, nein, drei Kinder – zwei Mädchen und ein Junge. Wie könnten sie heißen? Anne die Älteste, 14 Jahre, Sophie ihre jüngere Schwester, und dann noch der kleine Max, vier, nein, fünf Jahre alt.

Michael Wilson kam ins Träumen. Er hatte auch immer eine kleine Familie haben wollen, zwei Kinder, einen Jungen und ein Mädchen. Aber es hatte sich bis jetzt leider noch nicht ergeben; andererseits war er ja auch erst Mitte dreißig, es hatte noch Zeit.

Während er frühstückte, versuchte er sich vorzustellen, wo sein heutiger Klient wohl wohnen könnte. Vielleicht oben, auf den Hügeln vor der Stadt, in einem schönen Holzhaus am Waldrand...

Michael Wilson ging aus dem Haus und holte den Wagen aus der Garage. Er war gut in der Zeit und konnte gemächlich zu seiner Arbeitsstätte fahren, zumal die Hauptverkehrszeit schon vorbei war.

Unterwegs ging er wie gewohnt einem seiner vielen Hobbys nach: Bei jedem Verkehrsverstoß, den er entdeckte – und das waren zumeist falsch geparkte Autos – griff er zu dem stets bei sich geführten Diktiergerät und sprach die beobachteten Daten hinein; später würde er dann wie gewohnt alle diese Vorgänge zur Anzeige bringen. Michael Wilson hatte einen extrem ausgeprägten Gerechtigkeitssinn.

An seiner Arbeitsstätte angekommen, sah er, dass sein Klient schon Platz genommen hatte. Im Raum nebenan sah er wie gewohnt ein paar Leute sitzen, wie immer in zwei Gruppen getrennt, die eine Gruppe Verwandte und Freunde seines Klienten (die meisten seiner Klienten brachten Verwandte und Freunde mit), die andere Gruppe nicht.

Michael Wilson begrüßte den Geistlichen, der gerade seiner Pflicht Genüge getan hatte und vergewisserte sich mit einem routinierten Blick durch die Glasscheibe, dass sämtliche Gurte festgezurrt waren.

Dann legte er den Hebel um.

Im Keller

Tristan Bärlauch wusste nicht, wie lange er schon hier im Keller lebte; seine Erinnerungen waren sehr vage. Er wusste nur, dass es sein Haus war – eine alte, stattliche, im späten 18. Jahrhundert erbaute Villa draußen auf dem Land – und er sich eigentlich nicht im Keller, sondern viel lieber weiter oben aufhalten würde, aber das war irgendwie schwierig.
Der Grund hierfür war wahrscheinlich, dass sich oft Leute im Haus aufhielten, die er nicht kannte; es wechselte täglich, nur ein bestimmter Mann war immer dabei. Er war klein und gedrungen, schwitzte ständig und hieß wohl Schraderberg oder so ähnlich und schien den jeweils anderen Leuten immer das Haus zu zeigen.
Tristan Bärlauch beobachtete diese Vorgänge oft heimlich und es machte ihn jedesmal sehr nervös, weil er das alles nicht im Geringsten einzuordnen wusste.
Und wo war überhaupt seine Frau? Er erinnerte sich nur noch dunkel an sie – das Ganze war wie ein Alptraum. Er strich sich vorsichtig über seinen Hals, der ständig schmerzte, solange er zurückdenken konnte.

Immer, wenn er hörte, dass sich oben wieder jemand aufhielt, packte Tristan Bärlauch eine Mischung aus Wut, Angst und Verzweiflung.
Er fing dann jedesmal an, wahllos auf alles Mögliche in seiner Nähe einzuschlagen.

Das heißt, ganz so wahllos ging er nicht vor, den Weinvorrat zum Beispiel ließ er stets ungeschoren, war er doch in dieser Hinsicht ein ausgesprochener Genießer; allerdings hatte er, seit er hier unten war, seltsamerweise noch nie etwas von dem Wein getrunken, auch nicht von den vielen Saftflaschen, die seine Frau hier aufbewahrte. Er trank im Prinzip – wie ihm einmal auffiel – überhaupt nichts; und wann hatte er eigentlich zum letzten Mal etwas gegessen? Er wusste es nicht...
Wenn Tristan Bärlauch so gewütet hatte, waren die Leute oben immer ganz schnell wieder weg, nur Herr Schraderberg blieb dann immer eine Weile sehr niedergeschlagen zurück.

So gingen die Tage quälend dahin, die Zeit schien sich im Kreis zu drehen; Tristan Bärlauchs Verzweiflung wuchs von Tag zu Tag.

Dann, eines Tages, spürte er, dass etwas anders war. Oben hielten sich wieder irgendwelche Fremden auf, das hörte er genau.
Aber diesmal packte Tristan Bärlauch eine ganz besonders starke Unruhe, was ihn wiederum extrem verängstigte.
Sein erster Impuls war, sich tief im Keller zu verkriechen, aber eine ihm unbekannte, fast magische Kraft zwang ihn förmlich, sich zur Kellertreppe zu bewegen und diese hinaufzusteigen.
Und wie er hochstieg, vernahm er – erst leise, dann lauter – eine weibliche Stimme, die seinen Namen rief: "Tristan Bärlauch! Tristan Bärlauch!"

Ein namenloses Entsetzen packte den so Gerufenen und er konnte nicht anders als die Kellertür oben zu öffnen und der Stimme zu folgen, die offenbar aus dem Kaminzimmer kam.

Als er dort eintraf, blieb er wie erstarrt stehen. Um den vor dem Kamin stehenden Eichentisch herum saßen bei gedämpftem Kerzenlicht drei Personen: Eine alte, seltsam gekleidete, mit geschlossenen Augen dasitzende Frau, die ihn anscheinend gerufen hatte, dann – schwitzend und mit weit aufgerissenen Augen – Herr Schraderberg und als drittes – Tristan Bärlauch traf es wie ein Keulenschlag – seine Frau!

"Luise! Luise!!!" schrie er außer sich und seine Erinnerungen tauchten schlagartig alle wieder auf. "Luise, du bist doch tot... tot – ich habe dich doch umgebracht... vergiftet!!?? Und dann habe ich mich aufgehängt! Mein Gott..."

Alle Geschehnisse fielen ihm wieder ein und er wusste nun auch, seine Situation zu deuten – entsetzlich! Tristan Bärlauch fiel vor seiner Frau auf den Boden; diese jedoch schien starr durch ihn hindurchzusehen.

"Er ist jetzt da", sagte die alte Frau mit tonloser Stimme, "und er hält Sie anscheinend für tot, Frau Bärlauch; und er behauptet dann auch noch, er hätte Sie erst vergiftet und sich danach aufgehängt."

"Ja, vergiftet, natürlich!" Tristan Bärlauchs Stimme überschlug sich fast. "Ich hatte doch gemerkt, dass da was mit diesem Manfred Brötzmann war... und wie du dann mit dem abhauen wolltest... Ich hab' doch gemerkt, wie Ihr heimlich gepackt habt... Alles stand schon in der Garage bereit – Koffer, Reiseproviant... Und dann habe ich dir nachts doch noch Rattengift in deine Saftflasche getan..."

"Halt, halt!", fiel ihm die alte Frau ins Wort, "Ihre Frau kann Sie nicht hören, nur ich, das Medium – warten Sie", und sie wiederholte Wort für Wort, was sie gerade von Tristan Bärlauch gehört hatte.
"Was ist hier los? Um Gottes willen, was ist hier los?" Erwin Schmadebeck war leichenblass und zitterte am ganzen Körper; er wischte sich die Stirn. "Ich bin Immobilienmakler und kein... kein..."
"Ha!" Luise Bärlauchs Augen begannen triumphierend zu funkeln, "Pech gehabt, mein Lieber! Ich hatte schon vermutet, dass du uns auf die Schliche gekommen warst und war auf der Hut; du hättest die Flasche mal fester wieder zuschrauben sollen, du Idiot..."
Das Medium leitete die Worte weiter.

Da brach aus Tristan Bärlauch ein wilder und langgezogener Jubelschrei heraus; dann stieß er in höchster Erregung hervor: "Dann bist du ja gar nicht tot! Du bist nicht tot!! Dann habe ich keine Schuld... keine Schuld auf mich geladen!!! Ich bin frei, frei – ich kann in Ruhe tot sein... mein Gott, mein Gott, ich danke dir!!!"

Als das Medium auch diese Worte wieder an die Anwesenden weitergeleitet hatte, kehrte die Farbe in Erwin Schmadebecks Gesicht zurück. "Und der Spuk ist vorbei und ich werde das Haus endlich, endlich los!!" Seine Gesichtszüge lösten sich und er sank ermattet aber froh in seinen Sessel zurück.

Luise Bärlauchs Grinsen jedoch steigerte sich jetzt ins Diabolische.
"Sagen Sie diesem elenden Wurm," wandte sie sich an die alte Frau, "dass er da eine Kleinigkeit übersieht: Da ich es sowieso nur auf das Geld von diesem Brötzmann abgesehen hatte – und er hatte alles, was er besaß, bei sich – war dies eine wunderbare Gelegenheit, ihn jetzt schon loszuwerden. Ich brauchte nur zu warten, bis er selbst einmal zu der Flasche griff – er trank sie in einem Zug aus…
Insofern hat mein sauberer Gatte zwar nicht mich, dafür aber Manfred Brötzmann auf dem Gewissen – also nix is mit 'Spuk vorbei'; sagen Sie's ihm, sagen Sie's ihm!"
Und das Medium sagte es ihm.

Tristan Bärlauch stand wie vom Donner gerührt…
Dann zog ihn eine magische Kraft fort und er verschwand wieder im Keller.

Manöverkritik

Ka.: Na, wie fandet Ihr's?

Gr.: Ich weiß nicht... also, irgendwie... ich weiß nicht...

Kr.: Ja, ich glaub' auch, das war irgendwie...

Ka.: Was denn, was denn? Das war doch spitze! Mal was anderes... also, ich fand's durchaus gelungen.

Po.: Naja, war mal ein Experiment.

Ka.: Also, was soll denn das? Ihr seid alle so negativ!

Gr.: Man darf's aber auch nicht übertreiben; ich glaube, wir sind da etwas zu weit gegangen.

Ka.: Wieso? In der Kunst ist alles erlaubt.

Po.: Es gibt aber schon Grenzen, finde ich. Immerhin müssen wir auch sehen, dass wir unsere Zielgruppe im Auge behalten.

Kr.: Und die haben wir, glaube ich, ganz schön verschreckt.

Ka.:   Ach Unsinn, war doch lustig!

Gr.:   Für dich vielleicht; aber mir haben die
        armen Kinder leid getan. Die haben ja
        teilweise geheult.

Ka.:   Dafür sind ja die Eltern mit.

Po.:   Die haben aber ganz schön verständ-
        nislos geguckt, besonders, als du da-
        von gefaselt hast, dass das Krokodil
        dein Schmusetier ist. Das müssen die
        vor dem nächsten Zoobesuch ja wieder
        geradebiegen.

Kr.:   Also, ich denke, wir machen einfach
        eine zu spezielle Kleinkunst, da muss
        man mit Improvisationstheater vor-
        sichtig sein.

Po.:   ...und wenigstens die wichtigsten
        Grundstrukturen beibehalten.

Ka.:   Wie meinst du das denn?

Po.:   Na, zum Beispiel sind mir im Spiel-
        rausch ja auch mal die Gäule durchge-
        gangen; und du sagst da zum Publi-
        kum auch noch: "Guckt mal, was der
        Bulle mit meiner Oma macht!" Dabei
        wissen die von sowas doch noch gar
        nix...

Ka.:   Sagst du.

Gr.: Am schlimmsten fand ich übrigens deine Idee mit der Publikumsbeschimp-
fung; man muss doch nicht jeden
Avantgarde-Schwachsinn nachmachen.
Die armen kleinen Dinger kannten ja
teilweise diese Ausdrücke gar nicht!

Ka.: Dann kennen sie sie eben jetzt; sollen
sich doch die Eltern drum kümmern.
So ist halt diese Welt. Kommt, wir gehen einen saufen. Mannomann, tut mir
die Hand wieder weh…
Tri-tra-trallala, tri-tra-trallala, Kasperle
war wieder da, tri-tra-trallala!

Der Präsident

3. März

Die Zeitung berichtet, ein Nachbar hätte beobachtet, dass der Präsident Fleischreste statt in die Biotonne in die Restmülltonne geworfen habe. Dies sei ja wohl ein schlechtes Vorbild.

4. März

Der Präsident lässt den Bericht umgehend dementieren. Er könne es nicht gewesen sein, da, erstens, das fragliche Objekt kein Fleisch sondern etwas anderes gewesen sei, zweitens, dass er und seine Frau sowieso schon immer Vegetarier gewesen wären und er, drittens, an dem Tag gar nicht zu Hause war, sondern zusammen mit seiner Frau bei einem befreundeten Industriellen zum Spanferkelessen.

5. März

Die Zeitung legt nach: Sie präsentiert ein Foto, welches den Präsidenten zeigt, wie er gerade ein Stück Fleisch in die Restmülltonne wirft.

6. März

Der Präsident lässt verlautbaren, bei dem Mann auf dem Foto handele es sich um seinen verschollen geglaubten Zwillingsbruder, der sich zu einem Kurzbesuch bei ihm aufgehalten hätte und inzwischen – mit unbekanntem Ziel – wieder abgereist sei.

7. März

Die Zeitung weist anhand gründlicher Recherchen einwandfrei nach, dass der Präsident nie einen Zwillingsbruder hatte.

8. März

Auf einer Pressekonferenz äußert der Präsident sein Bedauern darüber, dass der Eindruck entstanden sei, er hätte einen Zwillingsbruder: "Wenn das so sein sollte, dann tut es mir leid." Anschließend gibt er ohne Angaben von Gründen die Scheidung von seiner Frau bekannt.

9. März

Die Zeitung präsentiert mehrere Zeugen, die eidesstattlich versichern, sie hätten bereits seit längerem beobachtet, wie die ehemalige Frau des Präsidenten ebenfalls Fleisch in die Restmülltonne verbracht hätte.

10. März

In einer Stellungnahme zu dem jüngsten Vor-
wurf erklärt der Präsident, dass diese Vorgänge aus der Zeit seiner – inzwischen been-
deten – Ehe stammen und die Würde des Am-
tes verlange, diese Dinge ruhen zu lassen. Er
könne aber abschließend noch sagen, dass
die in Frage stehenden Handlungen mit der
örtlichen Stadtreinigung abgesprochen waren.

11. März

In einem Statement erklärt die örtliche Stadtreinigung, dass ihr von einer Absprache mit
dem Präsidenten nichts bekannt sei. Es solle
dazu aber der zuständige Müllwerker einge-
hend befragt werden; der jedoch habe zur
Zeit Urlaub und halte sich zu diesem Zweck
auf den Bahamas auf; Rückkehrtermin unbe-
kannt. Urlaubsanschrift sei die Adresse eines
Anwesens, welches als Eigner einen mit dem
Präsidenten befreundeten Industriellen aus-
weist.

12. März

Landesweit werden Forderungen nach rück-
haltloser Aufklärung der näheren Umstände
der Affäre wach. Das Präsidialbüro erklärt
umgehend, dass brutalstmögliche Ermittlun-
gen aufgenommen werden würden.

13. März

Eine Anfrage der Zeitung beim Präsidialbüro bezüglich etwaiger Kontakte des Präsidenten zu dem genannten Industriellen werden abschlägig beschieden, da es sich bei dem Vorgang um ein laufendes Verfahren handele.

14. März

In einem Fernseh-Interview erklärt der Präsident, er und der erwähnte Industrielle hätten schon denselben Kindergarten besucht – wenn auch zeitversetzt – und "es müsse doch wohl in einem freien Land gestattet sein, befreundete Müllwerker im Haus von Freunden ihren Lebensabend... äh, ihren Urlaub verbringen lassen zu dürfen." Im übrigen wolle sein Anwalt noch am selben Tage alle auffindbaren Unterlagen aus seiner Kindergartenzeit ins Internet stellen, so es nicht datenschutzrechtliche Bestimmungen verletze.

15. März

Aus einem örtlichen Fleischgroßhandel sickert durch, dass allwöchentlich unetikettierte Fleischlieferungen mit unbekanntem Ziel das Haus verlassen. Die Buchhaltung habe keine Belege zu diesen Vorgängen.

16. März

Die Zeitung findet heraus, dass der besagte Fleischgroßhändler Dauergast auf Empfängen und sonstigen Feierlichkeiten des Präsidenten ist.

17. März

UltraTest und *PublikThermometer* ermitteln durch Umfragen, dass sich große Teile der Bevölkerung für einen sofortigen Rücktritt des Präsidenten aussprechen.

18. März

Auf einer Pressekonferenz nimmt der Präsident Stellung: "Ich stelle fest, dass von denjenigen Befragten, die nicht meinen Rücktritt fordern, 100% hinter mir stehen; diese hohe Zahl spricht für sich und gibt mir den nötigen Rückhalt, standhaft zu bleiben und auch weiterhin dem Volke ein moralisches Vorbild zu sein."

19. März

Es tauchen Fotos auf, die belegen, dass der komplette Präsidenten-Clan – bestehend aus seiner gesamten Verwandtschaft sowie den näheren und weniger nahen Freunden seiner gesamten Verwandtschaft und deren Partnern – im Vorjahr für sechs Wochen exklusiv die

Ferienanlage *Finca Maxima* in Marbella belegt
hat. Die Rechnung sei damals an einen befreundeten Industriellen gegangen.

20. März

Auf einer eilig anberaumten Pressekonferenz
gibt der Präsident zu Protokoll, dass er keine
Kenntnis von diesem Geldfluss hatte. Wenn
dem tatsächlich so gewesen sein sollte, dann
täte es ihm leid und dann müsse jetzt auch
mal Schluss sein mit dem Thema.
Auf die Nachfrage eines Journalisten der
Zeitung bezüglich der doch wohl horrenden
Reisekosten antwortete der Präsident, dass
der Pilot aus eigener Initiative heraus einen
alten Busfahrschein entsprechend upgegradet
habe; dies sei allgemein üblich.

21. März

Der Journalist, der auf der Pressekonferenz
vom Vortag nach den Reisekosten gefragt
hatte, ist verschwunden und kann auch nicht
auf seinem Handy erreicht werden.

22. März

In der Restmülltonne des Präsidenten werden
Teile des Journalisten gefunden. Ein Anwalt
des Präsidenten erklärt, dass dieser rechtliche
Schritte gegen die Hinterbliebenen erwäge
und er keinen Grund für einen Rücktritt sähe.

23. März

Eine Menschenmenge versucht, den Präsidenten aus seinem Büro zu ziehen. Dieser hat
sich jedoch so geschickt an sein Mobiliar ge-
kettet, dass das Vorhaben scheitert.
Anschließend erklärt er, dass er erst nach
Ablauf seiner Amtszeit beurteilt werden will.
Er habe vor, noch viele Glanzpunkte zu set-
zen; beispielsweise stünde nächstens eine
Rede anlässlich der Eröffnung eines Hunde-
waschsalons an, für welche er bereits einen
klugen Gedanken gefunden habe.

24. März

?

Der Kunstprofessor

Was Professor Heberlein anpackte, machte er richtig und ließ es auch nicht mehr so schnell wieder los. So hatte er sich in jungen Jahren entschieden, sich zum Zwecke der Körperertüchtigung des Schwimmens zu befleißigen und tat dieses seither auch konsequent, indem er täglich das in unmittelbarer Nähe zu seinem Wohnhaus gelegene Michael-Albatros-Bad besuchte, um ebendort in angemessener Weise dem Schwimmsport zu frönen. So auch heute.

Professor Heberlein war ein kleiner, schmächtiger Mensch, der nicht viel Aufhebens von sich machte; meistens übersah man ihn. Das hatte seine Gründe nicht nur in seiner Statur und seiner zurückhaltenden Art, sondern wohl auch in der Tatsache, dass er taubstumm war und so nicht viel zu "normaler" gesellschaftlicher Kommunikation beitragen konnte.

Heute war – wie Professor Heberlein schon mit einem Blick durch die großen Fenster des Hallenbades feststellen konnte – nicht viel Betrieb im Wasser, wahrscheinlich wegen des bald beginnenden Fußballländerspiels.
Auf dem Weg zu den Umkleidekabinen kam er an der Figur vorbei, die hier seit einigen Wochen in einer Ecke zu Dekorationszwecken stand, eine täuschend echt gearbeitete Frauengestalt in Badekleidung, die so aufgestellt

war, dass sie Ankömmlinge wie zur Begrüßung anzustrahlen schien. Nett, dachte Professor Heberlein, der sich jedesmal freute,
wenn er sie wieder sah, ist einfach mal was
anderes.

Und nachdem er sich geduscht hatte und in
seinen Badelatschen durch den kleinen Gang
zur Schwimmhalle patschte, sah er dann den
kleinen Jungen, der hier am Ende des Ganges
stand und auf jemanden zu warten schien –
auch eine Figur, täuschend echt, seit etwa
einer Woche war sie hier aufgestellt; weitere
Figuren sollten folgen, wie er gehört hatte.
Professor Heberlein schmunzelte; das war
Alltagskunst, wie er sie mochte.

Im Wasser war immer noch nicht viel los.
Professor Heberlein zog wie gewohnt seine
Bahnen, eigentlich eine recht eintönige Angelegenheit, aber doch immer wieder eine wunderbare Gelegenheit, seine Gedanken kreisen
zu lassen, die eigene Befindlichkeit zu ergrün-
den, seinen inneren Kompass wieder neu auszurichten.
Und auch heute musste er wieder mal feststellen, dass tief in seinem Inneren anscheinend eine Art Unzufriedenheit heranwuchs,
eine Empfindung, die sich in den letzten Ta-
gen immer deutlicher abgezeichnet hatte und
die nicht länger zu leugnen war, wollte er
wirklich ehrlich mit sich selber sein. Und das
wollte er, denn was er anpackte, machte er
richtig und ließ es auch nicht mehr so schnell
wieder los.

Woher konnte seine Unzufriedenheit wohl rühren? Gab es einen konkreten Anlass? Nein, auf den wäre er bei seinen Grübeleien sicher schon bald gestoßen; es musste etwas anderes, Grundsätzliches sein.

Und je länger Professor Heberlein in diese Richtung dachte, desto mehr musste er sich eingestehen, dass ihm der Grund für seine – eigentlich schon depressiv zu nennende – Stimmungslage doch schon sehr klar war: Es war gerade diese Unauffälligkeit seiner Person, diese seine Nicht-Teilnahme am gesellschaftlichen Leben, dieses Nicht-Beachtet-Werden, ja, dieses Gefühl, eigentlich gar nicht richtig zu existieren!

Je länger er über die gewonnene Erkenntnis nachdachte, umso klarer wurde ihm, dass er den Grund für seine tiefe Unzufriedenheit gefunden hatte und sofort begann er, darüber nachzusinnen, wie er diesem Zustand ein Ende bereiten könnte, denn was er anpackte, machte er richtig und ließ es auch nicht mehr so schnell wieder los.

Und als er so seine Bahnen zog und zum wiederholten Male auf den Sprungturm zuschwamm, hatte er plötzlich die befreiende Idee: Er würde springen! Ja, er würde vom Turm springen, und zwar von ganz oben, vom 10m-Brett, was sich kaum jemand traute, schon gar niemand in seinem Alter, höchstens ein paar Jugendliche, die meinten, den Mädels imponieren zu müssen.

Und heute war eine gute Gelegenheit, es schon einmal auszuprobieren – im Bad waren so gut wie keine Besucher mehr, es würde sowieso in wenigen Minuten schließen – und dann an einem Tag, an dem das Bad gewöhnlich sehr stark besucht war, den Sprung vor den Augen aller auszuführen!
Er wäre das Gesprächsthema des ganzen Bades, ja, des ganzen Städtchens!

Professor Heberleins Stimmung hob sich schlagartig und wie euphorisiert entstieg er dem Becken, um wie geplant zur Tat zu schreiten.
Aufgeregt aber vorsichtig bewegte er sich am Beckenrand in Richtung des Sprungturms.
Wie er bemerkte, hielt sich nur noch ein Schwimmer im Wasser auf und der Bademeister hatte schon in einer Ecke der Halle mit seinen abendlichen Wischarbeiten begonnen.

Am Sprungturm angekommen, klopfte Professor Heberleins Herz bis zum Hals – jetzt nicht lange gefackelt! Festen Schrittes begann er den Aufstieg, stieg Schritt für Schritt voran, passierte zunächst das 1m-Brett, dann das 3m-Brett.

Während er weiter aufstieg, sah er kurz auf das Schwimmbecken hinab – was er vielleicht besser nicht getan hätte, war es doch ein unerwarteter Anblick, denn von hier oben wirkte der Höhenunterschied viel gewaltiger als von unten her gesehen.

Einen Moment zögerte Professor Heberlein, überlegte sogar kurz, statt vom 10m-Brett lieber vom 5m-Brett zu springen – war doch eigentlich auch recht hoch...
Doch die Versuchung hielt nur kurz an; entschlossen stieg der kühne Springer die letzten Stufen hinauf, denn was Professor Heberlein anpackte, machte er richtig und ließ es auch nicht mehr so schnell wieder los.

Von hier – auf der obersten Plattform – war der Blick nach unten noch weitaus schlimmer als er es von halber Höhe her gewesen war; Professor Heberlein wurde ziemlich schwindlig vor Augen.
Weit und breit war inzwischen kein Badegast mehr zu sehen, nur der Bademeister war noch dabei, den Boden zu wischen.
Es musste jetzt sein, er musste jetzt den Sprung wagen, sonst würde er mit seinem Plan scheitern!

Mit zitternden Knien trat Professor Heberlein ein paar Schritte nach vorne auf die Absprungkante zu und je weiter er nach vorne kam, desto mehr übertrug sich das Zittern von den Knien zuerst auf die Beine und schließlich auf den ganzen Körper.

Der Professor wurde immer nervöser; war unterhalb der Plattform auch wirklich alles frei? Nicht, dass ihm im letzten Moment noch jemand in die Quere sprang.
Er trat seitlich an die Kante der Plattform und beugte sich leicht hinüber, um die Lage zu prüfen...

Und da passierte es: Da die Plattform nicht nur nass sondern auch ein wenig glitschig war und weil seine Konzentration wegen der bekannten Umstände der Situation sehr zu wünschen übrig ließ, verlor Professor Heberlein plötzlich den Halt, rutschte seitlich weg und kippte vornüber über die Kante der Plattform!

Dies geschah dergestalt, dass er etwa auf Bauchnabelhöhe auf besagte Kante traf, was dazu führte, dass sein Körper in eine 270°-Drehung um seine parallel zum Schultergürtel verlaufende Querachse verfiel; das wiederum hatte zur Folge, dass sich Professor Heberlein für den Bruchteil einer Sekunde fast aufrecht in der Luft hängend unterhalb der Plattform wiederfand, was ihm für einen Moment die Gelegenheit eröffnete, durch instinktives Zugreifen in Richtung der Plattform-Unterseite ebendort einen ausreichenden Halt zu finden, was ihm tatsächlich auch gelang.
Der gesamte Bewegungsablauf führte schließlich dazu, dass Professor Heberlein nun mit beiden Händen an einer Querstrebe unterhalb der 10m-Plattform hing.

Panik erfasste ihn!

Was nun tun?? Loslassen? Dafür hatte er erstens keinen Mut und zweitens war er nicht sicher, ob er sich überhaupt schon oberhalb der Wasserfläche des Beckens befand oder noch oberhalb des Fliesenbereiches.

Fatal...

Auch wenn er nicht taubstumm gewesen wäre, hätte Professor Heberlein in dieser Situation keinen Ton herausgebracht.

So blieb ihm nur langsames Ausschaukeln sowie ausreichend Zeit zum Nachdenken, denn es kostete ihn keinerlei Anstrengung, in der beschriebenen Position zu verharren, war er doch zum einen klein und schmächtig und somit recht leicht und zum anderen durch das langjährige Schwimmtraining von beträchtlicher Armmuskelkraft.

Außerdem hatte er trotz der Dramatik der Ereignisse mitbekommen, auf welche Weise sich seine Hände um die Querstrebe geschlossen hatten; es war, wie er als Biologe wusste, dieselbe, wie sie bei Vögeln geschah, die sich aus dem Fluge heraus auf einen Zweig niederließen: Eine Sehne wird so stark nach innen gedrückt, dass die Kralle quasi automatisch fest um den Zweig herum- und an diesen herangedrückt wird.

Professor Heberlein war weiterhin instinktiv klar, dass er – im Gegensatz zum Vogel – vielleicht nicht in der Lage sein würde, diese Art – bei ihm – unnatürlicher Verkrampfung jemals wieder zu lösen…

Der Bademeister war so mit seinem Abschlusswischen beschäftigt gewesen, dass er von des Professors Missgeschick nichts mitbekommen hatte. Er stellte Schrubber und Eimer beiseite und verließ die Halle.

Professor Heberlein war allein. Er musste feststellen, dass er mit seinem Vorhaben, bei seinen Mitmenschen Aufmerksamkeit zu erregen, grandios gescheitert war.
Gerade wollte er in eine tiefe Depression verfallen, da durchzuckte ihn ein geradezu abenteuerlicher Gedanke, der alles wieder zum Guten wenden würde; er lächelte glücklich in sich hinein und blieb selig hängen.

Als der Bademeister am nächsten Morgen wieder die Schwimmhalle betrat, sah er als erstes ein schmächtiges Männchen an der 10m-Plattform hängen. 'Ach nee', dachte er, 'da waren gestern Abend nach mir anscheinend diese Kunstheinis noch da...'

Ja, was Professor Heberlein anpackte, machte er richtig und ließ es auch nicht mehr so schnell wieder los.

Die Panne

Florenz, 12. September

"Guten Abend, meine Damen und Herren, ich melde mich hier als deutscher Gastreporter aus der Arena Fantastica in Florenz. Vor etwa einer Viertelstunde ist das Ligaspiel zwischen Fusilli Firenze und Bunga Bologna zu Ende gegangen und ich bin mir absolut sicher – so sicher, wie man sich nur sein kann – dass dieses Spiel als das ungewöhnlichste Fußball-match aller Zeiten in die Geschichte eingehen wird.
Ob Sie es nun glauben oder nicht, liebe Zuschauer, aber es hat hier noch kein einziger Besucher seinen Platz verlassen, obwohl das Spiel schon eine Weile beendet ist; alle stehen entweder erstarrt an ihrem Platz oder diskutieren wild gestikulierend mit ihren Nachbarn. Und ich muss gestehen: Auch ich bin immer noch fassungslos über das, was sich hier in den vergangenen Stunden abgespielt hat.

Liebe Zuschauer, lassen Sie mich schildern, was geschah.

Es begann damit, dass vom Anpfiff an sehr deutlich wurde, dass beide Mannschaften sich hauptsächlich auf die Defensive verlegen würden: Viel Ballgeschiebe in der eigenen Hälfte – sogar im eigenen Strafraum – und wenn der Ball einmal über die Mittellinie kam, war er auch schon wieder verloren und das gegnerische Team ließ das Leder in den eigenen Reihen laufen.

Hinzu kam, dass die jeweils ballführende Mannschaft auch so gut wie nie vom Gegner attackiert wurde, geschweige denn auch nur ansatzweise versucht wurde, mit Pressing zu arbeiten.

Ein von Minute zu Minute schriller werdendes Pfeifkonzert von den dichtgefüllten Rängen schien die Spieler dabei in keiner Weise zu beeindrucken.

Was in der ersten Halbzeit noch – gelinde ausgedrückt – halbwegs normal erschien, steigerte sich nun nach der Pause in einer Weise, die mir im Grunde immer noch die Sprache verschlägt; ich versuche aber mal, die sich überstürzenden Ereignisse so gut es geht zu schildern.

Schon bald nach Wiederanpfiff begannen Fusilli-Spieler, Pässe – auch wenn sie unbedrängt in der Nähe des eigenen Tores geschlagen wurden und weit und breit kein gegnerischer Spieler zu sehen war – so schlampig und unkonzentriert zu spielen, dass sie ein ums andere Mal im Seitenaus landeten.

Bunga nutzte solche Situationen jedoch in keiner Weise; im Gegenteil, die Spieler brachten den Einwurf entweder in die eigene Hälfte zurück oder sie rutschten beim Einwerfen so unglücklich weg, dass der Ball beim Gegner landete.

Bisweilen führte der einwerfende Spieler den Wurf auch nicht regelgerecht aus, so dass der Schiedsrichter auf Einwurf für Fusilli entschied.

Ab der 55. Minute begann Bunga Bologna, die "Spielweise" von Fusilli Firenze zu kopieren; auch hier jetzt diese elenden Einwürfe beziehungsweise Einwurfversuche. Die Zuschauer pfiffen und wir alle trauten unseren Augen nicht, konnten nicht glauben, was sich dort unten auf dem Rasen seit nunmehr einer Stunde abspielte.

War dies alles schon schlimm genug, steigerte sich das "Spielverhalten" beider Mannschaften jetzt noch in der Weise, dass beide Teams nun auch begannen, völlig unnötige Eckstöße zu produzieren, die die jeweils gegnerischen Spieler jedoch auch nicht nutzten, sondern entweder dem Gegner zuspielten oder direkt ins Toraus beförderten.

In der 71. Minute dann eine ganz eigentümliche Szene: Der Schiedsrichter hatte auf Eckball für Fusilli erkannt; daraufhin protestierte die Nr. 4 von Bunga Bologna lautstark, woraufhin ihm die gelbe Karte gezeigt wurde. Dies wiederum schien den Spieler so zu erbosen, dass er den Unparteiischen unflätig beschimpfte; dieser zeigte ihm nun die gelb-rote Karte. Das hatte jetzt zur Folge, dass ein weiterer Bunga-Spieler auf den Schiedsrichter losstürmte und ihn mit beiden Händen kurzerhand umstieß; dies zog selbstverständlich eine glatte rote Karte nach sich.

Nun, verehrte Zuschauer, geschah etwas Un-
erhörtes: Vier Spieler von Fusilli wälzten sich
plötzlich am Boden, zeigten auf ihre Beine
und bedeuteten stöhnend und mit schmerz-
verzerrten Gesichtern in Richtung Bank, ausgewechselt werden zu müssen; da Fusilli jedoch schon dreimal ausgewechselt hatte, war
das Wechselkontingent erschöpft.

Somit verblieben, nachdem die vier Verletzten
abtransportiert worden waren, nur noch sieben Fusilli-Spieler auf dem Platz – gerade die
Menge, die erforderlich war, um das Match
fortsetzen zu können.
Nun spielten also gerade mal sieben Fusilli-
Spieler gegen neun Bunga-Spieler – aber
nicht lange! Denn, kaum war das Spiel wieder
freigegeben, stießen zwei Bunga-Spieler so
heftig gegeneinander, dass sie benommen
liegenblieben und ebenfalls vom Platz getra-
gen werden mussten. Und da auch Bunga
Bologna schon dreimal ausgewechselt hatte,
spielten nun nur noch sieben gegen sieben
Spieler – unfassbar!

Es nahte die 80. Minute. Und nun überschlu-
gen sich die Ereignisse: Zunächst kurvte mal
wieder ein Fusilli-Spieler mit dem Ball durch
den eigenen Strafraum und schickte sich an,
einen Querpass zu spielen; er geriet jedoch
ins Straucheln und traf dann den Ball so unglücklich mit dem Außenrist seines rechten
Fußes, dass er in Richtung des eigenen Tores
flog und am verdutzten Torwart vorbei dort
hinein – 1:0 für Bunga Bologna!

Den anschließenden Mittelanstoß beförderte Fusilli direkt Richtung Bunga-Strafraum; dort wollte einer der Abwehrspieler den Ball annehmen, stolperte dabei und fiel vornüber auf den Rasen; dabei kam seine rechte Hand auf den Ball zu liegen. Der Unparteiische deutete sofort auf den ominösen Punkt: Strafstoß! Mir persönlich schien die Entscheidung ein bisschen strittig, aber da kein Bunga-Spieler protestierte, war sie wohl in Ordnung.

Wie dem auch sei, jedenfalls schnappte sich ein Fusilli-Spieler entschlossen das runde Leder, legte es sich sorgsam auf dem 11m-Punkt zurecht, nahm einen langen Anlauf, sprintete los und... knallte den Ball meterhoch über die Querlatte des Tores! Ein Stöhnen ging durchs Stadion.
Aber was macht der Schiedsrichter zum allgemeinen Erstaunen? Er pfeift und deutet an, dass der Strafstoß wiederholt werden muss. War ein Spieler zu früh in den Strafraum gelaufen? Davon habe ich nichts gesehen. Hat sich der Torwart vor dem Schuss nach vorne bewegt? Eindeutig nein. Hat er sich zu früh bewegt? Egal, das darf er ja. Mysteriös, mysteriös...

Jedenfalls musste der Schütze nun ein zweites Mal ran. Wiederum legte er sich sorgfältig den Ball zurecht, nahm einen langen Anlauf und schoss – diesmal allerdings nicht über das Tor sondern knapp neben den rechten Pfosten.

Und, liebe Zuschauer, nennen sie mich einen Lügner, halten Sie mich für verrückt, es ist mir gleich, aber ich sage Ihnen, es passierte nun folgendes: Der Torwart hatte wohl die Ecke geahnt; er hechtete mit einem Riesensatz in diese Ecke und schien zu versuchen, den Ball mit der Hand abzulenken, was ihm tatsächlich auch gelang, allerdings dergestalt, dass er seine Hand von unten gegen den Ball schlug und dieser dadurch tatsächlich noch in das Tor hinein abgelenkt wurde! Unglaublich!! Jedenfalls stand es nun 1:1.

Mittlerweile war das Match 86 Minuten alt. Und nun wurde es ganz verrückt: Bunga führte den Mittelanstoß aus, indem der Ball zwar zunächst – wie es die Regel ja auch vorschreibt – kurz nach vorn gespielt wurde, dann jedoch entschied sich der angespielte Spieler wohl für einen Sicherheits-Rückpass und drosch den Ball in Richtung des eigenen Tores.
Damit hatte sein Torwart, scheint's, nicht gerechnet: An der Strafraumgrenze stehend blickte er zuerst wie erstarrt auf den hoch heranfliegenden Ball, wollte dann zu seinem Tor zurücklaufen, um den Ball abzufangen, geriet aber ins Straucheln und schaffte es dadurch nicht – 2:1 für Fusilli Firenze!

Und jetzt steigerte sich der Wahnsinn ein weiteres Mal: Kaum hatte das Bunga-Team nun wieder den Mittelanstoß ausgeführt, spielten sie erneut den Ball zunächst zurück zum eigenen Tor.

Seltsamerweise wechselte Fusilli Firenze in diesem Moment anscheinend die Taktik und verlegte sich auf ein extremes Pressing. Allerdings schienen sie nicht nur zu versuchen, den gegnerischen Spielern den Ball abzujagen, sondern sie deckten auch konsequent den Raum zwischen den ballführenden Spielern und deren Torwart ab, so dass jene den Ball eigentlich nicht zu diesem zurückspielen konnten. Sie versuchten es aber – man muss schon fast sagen mit einem Gewaltschuss – trotzdem, scheiterten aber, weil sich ein Fusilli-Spieler dazwischenwarf und den Ball abfing. Sofort brachte Fusilli nun das Leder vor das eigene Tor und diesmal rannten alle Bunga-Spieler mit und das "verkehrte Pressing-Spielchen" wiederholte sich nun tatsächlich auf der Gegenseite!

Nicht zu fassen!!

Inzwischen waren die 90 Minuten Spielzeit abgelaufen, aber der Schiedsrichter machte keinerlei Anstalten, das Match abzupfeifen; Grund für eine Nachspielzeit gab es eigentlich nicht, insofern war die Sache ziemlich verwunderlich.

So wogte das Spiel noch eine ganze Weile hin und her, ohne dass Entscheidendes passierte und der Unparteiische pfiff und pfiff nicht ab! Und wer nun geglaubt hatte, der Irrsinn ließe sich nicht mehr steigern, der lag komplett falsch, denn der Höhepunkt des Spiels folgte nun zum Schluss: Wir schreiben die 98. Minute; Bunga versucht zum wiederholten Male zu verhindern, dass Fusilli den Ball zum eigenen Torwart zurückspielt und wiederum versuchen die es trotzdem.

Es entsteht eine etwas unübersichtliche Situation, in welcher der Ball im 5m-Raum umhergestoßen wird; und plötzlich ertönt ein Pfiff:

Der Schiedsrichter zeigt an, dass der Torwart einen Rückpass mit der Hand angenommen hätte – was ja nicht erlaubt ist – und entscheidet, wie es in solchen Fällen üblich ist, auf den so genannten "indirekten Freistoß"; bei dieser Art des Freistoßes ist es bekanntermaßen ja so, dass der Ball nicht direkt in das gegnerische Tor getreten werden darf, sondern es muss ihn zuvor ein anderer Spieler berührt haben.

Verehrte Zuschauer, ich habe nicht das Geringste von einem angeblichen Rückpass mitgekriegt, aber sei's drum, der Schiedsrichter hat nun mal auf indirekten Freistoß entschieden und der Schiedsrichter hat immer Recht.

Wir wollen uns nun lieber mal genau vor Augen halten, was anschließend passierte: Den Ort des Vergehens legte der Schiedsrichter auf einen Punkt fest, welcher zum einen mittig zum Tor lag und zum anderen etwa nur einen Meter von der Torlinie entfernt war. Daraufhin bedeutete er den Spielern von Fusilli Firenze, dass sie nun allesamt mindestens 9,15m Abstand zum Ball einhalten müssten; den empörten Einwurf der Bunga-Spieler, dass die Spieler der abwehrenden Mannschaft in Fällen, in denen der Ball näher als 9,15m zur Torlinie liegt, laut Regelwerk auf der Torlinie stehen dürften, wischte der Unparteiische beiseite.

Haben Sie etwas bemerkt, liebe Zuschauer? Die <u>Bunga</u>-Spieler haben protestiert, nicht etwa die <u>Fusilli</u>-Spieler, denen ja offensichtlich dieses Recht beschnitten wurde! Diese jedoch fügten sich, scheint's, bereitwillig und stellten sich in einer Linie gut acht Meter mittig hinter ihrem Tor auf – einschließlich des Torwarts! Und nun stellen Sie sich bitte einmal dieses absolut bizarre Bild vor: Alle Fusilli-Spieler hinter dem Tor und praktisch auf der Torlinie zwei Bunga-Spieler, die nun in aller Ruhe ihren indirekten Freistoß ausführen durften!!

Meine sehr verehrten Zuschauer, wir haben jetzt noch das Sahnehäubchen dieses zweifellos so genannt werden dürfenden Jahrtausendspiels vor uns, denn was geschah, nachdem der Schiedsrichter nun den Pfiff tat, der die Ausführung des indirekten Freistoßes freigab? Einer der beiden Bunga-Spieler, die am Ball standen, beförderte diesen – ohne dass er vorher von seinem Mitspieler berührt worden wäre – mit einem satten Spannschuss direkt über die Torlinie! Mein Gott, er muss es doch besser wissen, muss doch die Regel kennen!!

Und jetzt der allerletzte Knalleffekt: Der Schiedsrichter erkennt trotzdem – natürlich fälschlich! – auf Tor und pfeift das Spiel ab, welches so mit dem Spielstand 2:2 endete. Unglaublich! Unfassbar!! Unerklärlich!!!

Neapel, 13. September

"Guten Abend, meine Damen und Herren, das Rätsel um das 'verrückte Spiel' gestern zwischen Fusilli Firenze und Bunga Bologna ist gelöst! Aufgrund einer fehlerhaft koordinierten Rotation im Management der Wett-Mafia waren versehentlich drei Bestechungsvorgänge statt – wie üblich – nur eines einzigen arrangiert worden.
So hatte nicht nur Fusilli Firenze für eine eigene Niederlage zu sorgen sondern auch Bunga Bologna; zu allem Überfluss war dann noch der Unparteiische für ein Unentschieden verpflichtet worden. Das konnte offensichtlich nicht gutgehen.
Insofern haben sich noch gestern Abend die Verantwortlichen zu einer Krisensitzung getroffen und beschlossen, dass das Spielergebnis annulliert und das Spiel neu angesetzt wird, diesmal wieder mit gewohnt geregeltem Bestechungsverlauf."

Waterloo

Wellington: *(schaut sorgenvoll Richtung Norden zum Horizont)* Ich wollte, es wäre Nacht oder die Preußen kämen!

Blücher: Ssör, erlauben Se ma; erstens heeßt es "Ick wollt', es wär' <u>Tag</u> oder die Preußen kämen" und zweetens bin icke doch schon längst da, wa?

Wellington: Sie irren, Blücher, ich werde doch wohl noch wissen, was ich gesagt habe; und dass Sie da sind, sehe ich selbst – aber wo sind Ihre Preußen?

Blücher: Äh…

Napoleon: Wenn ich das aufklären dürfte, Messieurs: General Wellington sagte wörtlich – und ich wiederhole ganz bewusst: wörtlich – , dass er wünschte, es würde Nacht <u>und</u> die Preußen kämen.

Wellington:	Aber Sire, das ist doch Unsinn, eins von beiden reicht doch. Im übrigen, General Blücher, würde mich schon interessieren, wo <u>Ihre</u> Truppen sich denn aufhalten.
Blücher:	Det müssen Sie jrade sagen, Sie Ssör Sie – wo sind denn <u>Ihre</u>?
Wellington:	Äh…
Napoleon:	Nun lassen Sie mal gut sein, meine Herren, ich habe ja auch gerade keine dabei.
Blücher:	Det is jut – sehr jut; wär' ja ooch voll unjerecht sonst, wa?
Wellington:	Aber zu einer Schlacht brauchen wir schon ein paar Soldaten; wir können uns ja doch wohl schlecht selber prügeln oder, meine Herren?
Blücher:	Ach Jott, det müsste man fleecht ma ausprobier'n, wa?

Napoleon:	Schnick-schnack – wie soll ich denn nur mit der linken Hand kämpfen? Völlig ausgeschlossen! Non, non!
Blücher:	Fleecht nehm' Se zur Abwechslung mal det rechte Pfötchen aus der Joppe, Sie komischer Kaiser, wa?
Napoleon:	Mon Dieu, wie ordinär!
Blücher:	Mong Djöh, wie ordinäääär!
Napoleon:	Monsieur, das ist ein Affront! Wenn ich mich nicht zurückhalten würde!!
Wellington:	Jetzt schlagen wir uns doch noch gleich, wenn wir so weitermachen. Wollen wir nicht erstmal die Schlacht besprechen?
Blücher:	Wat jibt's da denn zu besprechen, wa? Immer feste druff!
Napoleon:	Monsieur, Sie sind ein Proletarier!
Wellington:	Sie meinen Prolet.
Blücher:	Nee, det is doch eener, der vorher weeß wat kommt.

Wellington:	Das ist ein Prophet.
Blücher:	Nee, Prophet machste, wenn de schön wat vadienst, wa?
Napoleon:	Non, Sie meinen Profit, Monsieur.
Blücher:	So een Quatsch, Macker, det is doch eener, der wo wat von Berufs wejen machen tut, wa?
Napoleon:	Das ist ein Profi. Ihnen ist nicht zu helfen, Sie preußischer Klotzkopf!
Blücher:	Jetz' pass' bloß uff, du Franzmann, sonst is' hier wirklich jleech Ramba-Zamba!
Wellington:	Shut up, Blücher, es reicht!!
Blücher:	Und Sie halten sich jetzt ooch ma zurück; ick denk', Sie sind 'n Schäntelmän oder wat??
Napoleon:	Wir dürfen nicht so laut sein, sonst kommt Maria Theresia wieder und vergiftet uns!

Wellington:	Aber die ist doch schon lange tot!
Napoleon:	Für mich nicht, für mich nicht – so eine wunderbare Frau… ein Segen für Österreich!
Wellington:	Jaja, aber sie heißt jetzt Marie-Louise – mein Gott, dass müssen Sie doch endlich mal kapieren, Sie sind schließlich mit ihr verheiratet! Geht denn das nicht in Ihren verdammten korsischen Dickschädel rein?!
Napoleon:	Ja doch, ja doch – schrecklich… Und gleich kommt sie wieder und vergiftet uns!
Blücher:	Wenn man vom Teufel spricht, wa…
Schwester Ulla:	Halli-hallöchen, ich bin's! So, meine Herren, Schlachtpause! Es gibt wieder schöne Mediziii-hiiin!

Marsmission

"Gibt es auch Leben auf anderen Planeten?"
Die Frage aller Fragen... Um sich einer Ant-
wort zu nähern, musste man sich wohl oder
übel mal auf den Weg machen und suchen.
Aufbauend auf dieser Erkenntnis wurde der
Entschluss gefasst, dies auch zu wagen.

Detailliertere Planungen ergaben dann, dass
es sinnvoll wäre, mit dem am nächsten gelegenen Planeten zu beginnen, zumal er dem
eigenen einigermaßen ähnlich war – etwas
wärmer zwar, aber das sollte kein Hinderungsgrund für Leben sein, in welcher Form
auch immer. Die Temperaturschwankungen
schienen auch nicht so stark zu sein wie zu
Hause, was als ein der These zuträglicher
Umstand angesehen wurde.

Und nun war das Raumschiff unterwegs, die
Besatzung frohen Mutes und in gespannter
Erwartung der Dinge, die da kommen sollten.
Dank eines neu entwickelten Antriebs würde
die Reise nicht einmal ein ganzes Jahr dauern
– ein erträglicher Zeitraum.
Je näher man dem Zielplaneten kam, desto
mehr Einzelheiten ließen sich ausmachen.
Von zu Hause aus hatte man schon durch
entsprechende Beobachtungen und Messun-
gen in Erfahrung bringen können, dass der
Planet eine Atmosphäre hatte – warum auch
nicht, kein Hinderungsgrund für Leben.

Aber nun musste man auch feststellen, dass der weitaus größte Teil der Oberfläche von Wasser bedeckt war, was leider für Unwirtlichkeit sprach; Enttäuschung machte sich an Bord breit.
Nun ja, man würde sehen.

Und dann war es endlich soweit: Das Raumschiff hatte sich dem Zielplaneten so weit genähert, dass die Besatzung den Bremsvorgang einleiten und die Landung vorbereiten musste; diese erwies sich jedoch als schwieriger als vermutet, da die Atmosphäre sich nicht ganz so verhielt, wie man es berechnet hatte.
Aber es klappte dann doch recht leidlich und man war einigermaßen heil auf dem Planeten gelandet. Geschafft!

"Mami, Mami, da ist gerade so eine komische Dose in den See geplumpst und da kam oben so ein Marsmännchen raus und das hat sich ganz doll erschrocken, als es mich gesehen hat und dann ist die komische Dose untergegluckert!!"
"Ja, Schatz, toll. Und nun komm', du kleines Marsmännchen, wir müssen weiter."
"Ach Männo…"

**Wie die
Niederfedderwarderkooger
Freiwillige Feuerwehr
einmal verhinderte, dass das auf
Gut Groß-Wulffsbrockhagen
ausgebrochene Feuer
auf die Stallungen sowie
auf die weiter südwestlich gelegenen
Vorrats- und Verwaltungsgebäude
übergriff**

Sie hat es gelöscht.

Danksagung

Ich danke vor allem…, äh… ja, höchstens der Firma Fujitsu, die das Notebook hergestellt hat, auf welchem ich schrieb; sonst hätte ich ein anderes nehmen müssen. Dank, Dank!